出 版 序　　　　　　　　　　　　　　•王　照

做人要有智慧，做事要有謀略

 世間到處充滿著虛假與欺詐，要提高的競爭優勢，不僅要知識廣博，更要積累實務經驗，研究各種致勝技巧及謀略，鍛鍊自己的應變能力。

　　心理作家卡莫納曾說：「當所有人都在耍詐使壞的時候，如果只有你堅持按部就班，別人不僅不會誇你老實，反而會笑你笨。」

　　不論我們贊不贊同，都不得不承認有時候耍點心機、使點小壞，往往是讓問題迎刃而解的最佳捷徑，因為，當所有人都在投機的時候，只有你不懂得取巧，那麼你就會被別人當作一個老實過頭的蠢蛋。

　　儘管大家都不喜歡自己被認定是滿腹心機的人，但諷刺的是，想要在這個社會生存，其實只有兩種方式，一種是靠著別人比你愚蠢，另一種是靠著你比別人多點心機。

　　談到心機、厚黑，大家不禁會聯想到寓言故事裡的狐狸，因為牠狡猾得令獵人難以捕獲，飛禽走獸也經常被牠耍得團團轉。

　　牠狐假虎威，讓自己逃過殺劫；牠看穿了獅子裝病之類的誘殺伎倆，讓獅子恨得牙癢；牠讚美烏鴉的歌唱得好聽，是為了得到牠嘴裡叼著的那塊肉；牠偷東西時收買看門狗，是為了利用牠來達到目的；牠把大灰狼誘入獵人的陷阱，是為了減少競爭對手
……

　　一提起耍心機、厚黑，人們也會自然想到現實生活中形形色色的老狐狸，因為，只有他們老謀深算，為了達到目的所耍出來的花招五彩繽紛，教人眼花撩亂，捉摸不定，對手就在不知不覺中落入圈套。

　　他有時扮成老好人，是為了軟化死硬的對手；有時他虛張聲勢，是為了更大的利益；他有時教你大吃一驚，是為了破除成交的障礙；他有時故意洩漏機密，是為了讓對方中計；他有時搬出競爭幽靈，是為了逼對方就範……

　　在古今中外人類發展歷史中，這些老狐狸無疑扮演著關鍵性的推促角色，不管是政治、經濟、軍事、文化，或是日常生活中，兩個個體相互聯繫、協商及交涉時，他們都有著出人意表的智慧與謀略。

　　國家與國家、團體與團體、個人與個人之間的互動，都是不斷從衝突到妥協、從新的衝突到新的妥協，循環不已地進行著。解決彼此衝突的途徑，除了武力鬥爭之外，便是權謀和策略。

　　想要在人生戰場上獲得成功，就必須具備智慧、辯才、知識、判斷、經驗，並且懂得如何運用戰略、戰術。

　　當人類社會向知識經濟時代邁進之時，智慧生存法則越來越重要。

　　在全球經濟發展中，無處不在的商業行為和人際互動裡，高超的應對進退能力是每位企業家和想從慘烈競爭中脫穎而出的人所追求的，這種能力與智慧的謀略是相輔相成的。

　　想要擴充自己的版圖，必須全心投入，具備堅韌不拔的意志，充滿智慧的技巧，有時更須使出一些臉厚心黑的手段，才能夠化被動為主動，化不利為有利，最終戰勝對手、吞併對手或奴役對

手。

　　作家史密特曾寫道：「想要當好人之前，必須先知道如何做壞人。」

　　有點心機，才能讓自己化危機爲轉機。本書不是教你使壞，只是想告訴你做人做事應該具備的潛智慧，才不會總是事倍功半。

　　本書不是教你如何使壞，只是想告訴你，想做好人的你，如果不知道壞人如何使壞，不知道「壞人」的心中到底懷著什麼「鬼胎」，那麼又如何能知己知彼，進而跟「壞人」周旋到底呢？

　　世間到處充滿著虛假與欺詐，裝出慈悲和善的臉孔，正是熟諳厚黑權術的人的拿手好戲，爲了達到自己所追求的目的，他們經常以最美麗的外表、最動人的言詞欺騙別人的耳目……

　　所以，要提高的競爭優勢，不僅要知識廣博，更要積累實務經驗，研究各種致勝技巧及謀略，鍛鍊自己的應變能力。

Part 3

為自己營造聲勢，就能創造優勢

人為即是天意，無論是陳勝、趙匡胤，
還是歷史上其他風雲人物，
都是靠著自己營造聲勢而領盡一時風騷。

Part 4

自作聰明，小心惹禍上身

人可以沒有大智慧，
但是絕對不要亂耍小聰明，
否則就會步上楊修的後塵，
為自己招來禍害，死得不明不白。

Part 5

有才華，也要懂得生存的方法

才華橫溢的人容易有恃才傲物、好高騖遠，
如果你自認是個才華洋溢的人，
就必須更加熟悉職場的生存法則，
以免自己落得悲慘的結局。

Part 6

越狡猾，越能成爲大贏家

一提起耍花招，人們也會自然想到商場老手，
因為只有他們最為老謀深算，耍出來的花招五彩繽紛，
叫人眼花撩亂，捉摸不定，
對手就在不知不覺中落入圈套。

Part 9

臉皮越厚，招數越多

對手的個性、技巧不同，
自己也將受到對手用盡一切卑劣招數來進行輪番
轟炸。所以，臉皮越厚，瞭解的招數越多，
越有可能在談判中佔優勢，
減少失敗的次數。

Part 10

別把自己的想法寫在臉上

當你退讓時，
至少要從對方那裡得到相當價值的回應。
若要確定對方的回報是否實際，
必須自問一個問題：
對方的退步對達成協議有否價值？

Part 11

慢慢敲竹槓，使對方一讓再讓

先將對方價格壓到最低，
再一步步提出各種小小的要求，
讓對方總感覺到只差一點點就成交，
直到最後簽下合約時，
已在不知不覺中喪失不少利潤了。

Part 12

摸清辦公室裡的相處之道

自命清高的人，
往往就是辦公室裡惹人討厭的傢伙，
由於不懂得應對進退之道，
最後終將在劇烈而又爾虞我詐的競爭中失敗。

Part 13

要當勝利者，不要當受害者

不要輕易透露自己的真實想法，
如此一來，你才能打開新局面，
不但成為辦公室中的生存者，
而且成為最後的勝利者。

做個聰明的老實人

做人應當誠實正直，不要有害人之心，
不過，防人之心也不可無，
畢竟人的心思是很難讀懂的，
必須提防別人口蜜腹劍的算計。

做人不要強出頭

如果刻意地在對方面前，表現自己高人一等，或
是炫耀自己的小聰明，反而會自曝在危險之中，
甚至讓旁人視為愚蠢的舉動。

　　許多人在待人接物之時，總是喜歡吹噓自己，試圖把別人比
下去。

　　殊不知，刻意地炫耀你的聰明或才華，只會讓你顯得愚昧，
贏得一時的虛榮，卻喪失更遠大的前景。

　　隋代的薛道衡文才出眾，十三歲就能背誦《左氏春秋》。

　　隋文帝時，薛道衡被任命為內史侍郎，在隋煬帝時，則外放
擔任潘州刺史，直至大業五年，才被召回京師任職。

　　當時，薛道衡寫了一篇《高祖頌》，自己頗感得意，但隋煬
帝看完後，不悅地說：「只不過是文辭華麗而已。」

　　因為，隋煬帝楊廣一向自認文才甚高，認為沒有人能超越自
己，所以對薛道衡的文才心存嫉妒。

　　當時，有位御史大夫見狀，便乘機進讒言：「薛道衡自負擁
有才子之名，不把皇上看在眼裡，這根本存有造反之心。」

　　內心極度不悅的隋煬帝因而聽信讒言，下令將薛道衡處以絞
刑。

　　這說明了，鋒芒畢露的人時間一久，便會引來旁人的嫉妒，周圍的人因為感到自己的無能，也不願與他合作。

　　當年，孔子年輕氣盛之時，曾經向老子問學。

　　老子只對孔子說：「良賈深藏若虛，君子盛德容貌若愚。」

　　意思是說，善於做生意的商人，總是隱藏寶貨，不會讓人輕易看見，而品德高尚的君子，容貌總是顯得愚笨拙劣。

　　唐順宗就深明這層道理，即使貴為太子之時，也儘量小心翼翼地注意自己的言行，以免惹來禍害。

　　喜歡以天下為己任的唐順宗，還是太子身份時，便曾對東宮幕僚說：「我要竭盡全力，向父皇進言革除弊政的計劃！」

　　幕僚王叔文聽了，深以為不妥，立即向他諫言：「身為太子，首先應該做的事情是盡孝，你應該多向父皇請安，問候起居冷暖，因為改革是目前最棘手，也最敏感的問題，如果你過分熱心，有心人就會以為你企圖以國家改革的名義來招攬人心，萬一讓皇上誤會你想篡位，而對你有所猜忌，對你來說並不件好事，而且更無助於國事改革啊！」

　　唐順宗聽完這番話後，立刻有所省悟，之後便收斂許多。

　　這樣的改變，讓他在唐德宗荒淫專制的晚年，沒有招來不測的災禍，也才能成就日後唐朝的順宗改革。

　　從故事中我們明白，處理人際關係時，我們務必要謹慎小心，不要傷及對方的自尊心，也不要引起別人的猜忌。

　　如果刻意地在對方面前，表現自己高人一等，或是炫耀自己的小聰明，反而會自曝在危險之中，甚至讓旁人視為愚蠢的舉動，

輕則讓對方更加自卑，從此拒絕與你來往，重則讓對方想要挫挫你的銳氣，反而讓自己陷入危機。

當然，在這個講求分工合作的現代社會，如果沒辦法讓組織團結，有些工作根本無法完成，因而，我們也不必對工作採取消極的態度，只要小心表現，不要處處張揚，表現出令人反感的小聰明，試圖將榮耀獨攬在自己身上，那麼你自然而然能處處化險為夷。

我不是教你壞

那些在炮火下跑進你腦海中的創造性想法，將被安全地保留在那裡，直到永遠永遠。
——托洛茨基

做個聰明的老實人

做人應當誠實正直，不要有害人之心，不過，防
人之心也不可無，畢竟人的心思是很難讀懂的，
必須提防別人口蜜腹劍的算計。

亞里斯多德曾說：「人在最完美的時候，似乎是動物中的佼
佼者，但是，當他為了一己之私的時候，便是動物中最差勁的東
西。」

正因為如此，做人做事必須懂得一些厚黑手法，才不會老是
被坑被騙。

古人一再提醒我們：「防人之心不可無」，強調與人合作或
共謀時，在尚未熟悉對方的確實情況之前，千萬要小心謹慎，不
要過度地暴露個人心思，這樣才不會被有心人利用，而讓自己陷
入危機之中。

總而言之，就是要設法做個聰明的老實人。

唐高宗死後，武則天開始垂簾聽政。為了順利得到天下，並
壓制宗室大臣的不服與反抗，於是，在東門設立「銅匭」，下令
如果發現任何圖謀不軌的情況，都可以用密函的方式，將信件扔
進銅匭，只要密報經查證後確實無誤，告密者便可以得到封官晉

祿的獎勵。

當時有位胡人李元禮，便是因告密成功，而獲得了游擊將軍的官銜。

其他像是尚書都事周興、來俊臣等人，見狀也紛紛效法，競相羅織他人的罪名，讓自己的官運扶搖直上。

在這些人當中，以周興最為機敏狡詐，當時他豢養了一批專門告密的地痞流氓，每當他想陷害某人時，便會命令這些流氓前來告密，然後弄假成真。

周興還挖空心思製造了一系列令人不寒而慄的刑具逼供，還將這些刑罰取了一些好聽的名目，如定百脈、突地吼、鳳凰曬翅、仙人獻果、玉女登梯……等等。

當受審的嫌犯一看到這些「別出心裁」的刑具，早就被嚇得魂飛魄散，無不寧願立即招供，以免受罪煎熬。

然而，風水輪流轉，這天周興居然被人告密了，說他串通其他人試圖謀反，蓄意奪權，武則天對此事甚為重視，立即指派來俊臣審理此案。

曾與狼狽為奸的來俊臣深知，周興是憑著告密用刑起家的，想要讓他老實招供並不是件容易的事。

於是，他先邀請周興一同飲酒，席間則不斷地稱讚周興，以鬆懈他的心理防衛，最後向他請教：「周兄，我最近碰到了一個十分狡猾的犯人，各種刑具我都用過了，他就是不肯招供，不知道你願不願意教我幾招？」

已經被來俊臣捧得飄飄然的周興，不知其中有詐，不假思索地對來俊臣說：「老弟，我跟你說，如果你把這個狡猾的囚犯放入一個大甕，然後架在火上烘烤，你想他招或不招？」

　　來俊臣一聽，樂得拍手稱妙，立即派人搬出來大甕，並架起炭火。

　　周興一看，原來的好氣氛都被弄壞了，不悅地問：「老弟，難道你要在這裡審訊犯人嗎？」

　　只見來俊臣笑著命人撤去殘席，接著拿出武則天的敕文，板起臉孔對著周興說：「請君入甕吧！」

　　果然，周興還未置身大甕，便馬上招供。

　　雖然這是則發生在唐朝的歷史典故，然而，卻是做人做事上常用的厚黑謀略，必須時時以此警惕自己。

　　做人應當誠實正直，不要有害人之心，不過，防人之心也不可無，畢竟人的心思是很難讀懂的，必須提防別人口蜜腹劍的算計。

　　如果你在得意之時，不小心謹慎，輕易地暴露了自己的實際情況，恐怕會讓自己一直處於失敗之勢！

我不是教你壞

世界上到處都進行著各種形式的戰爭，沒辦法，我們就是愛打仗。我們不是防守的一邊，而是進攻搶奪的一邊。
　　　　　　　　　　　　　　　——大衛・漢考克

製造玄機就能化解危機

競爭過程中，原本就是要虛實交互運用，讓競爭
對手握不住你的實力，從而無法與你進行對抗。

自己的真實力量，有時需要向對手全部展示，但有時候也要
巧妙地掩藏起來。

然而，什麼時候該進行「火力展示」，什麼時候又該隱藏實
力，則要依當時的實際情況而定，只要我們運用得當，自然能受
益無窮。

孫臏和龐涓都是鬼谷子的學生，後來龐涓先行下山，當上了
魏國駙馬，並陷害孫臏受到「臏刑」，導致雙腳殘廢。孫臏脫險
之後，先以圍魏救趙之策大挫龐涓的銳氣，然後又在戰場上與龐
涓正面決戰。

由於孫臏計高一籌，鬥智而不鬥力，所以，他運用「減灶法」
製造假象，在戰場上逐漸減少燃灶的數目，讓龐涓誤以為孫臏節
節敗退，命令手下軍士緊追不捨。

直到兩軍在馬陵道會戰，孫臏依計整合全部兵馬，給了龐涓
迎頭痛擊，龐涓才知道中計，最後被亂箭射死。

這是戰場上的謀略，所謂知己知彼，百戰百勝，商場之中也

是如此。

　　我們首先要對自己有正確的評價，然後瞭解對手的虛實，先適度地隱藏自己的實力，學會製造假象，讓對方錯估情勢，進而為自己製造一個絕佳的優勢。

　　曾經，有家銀行忽然傳出財務不穩的消息。

　　當時已經接近下班時間，那間銀行馬上被擠兌的人潮擁得水洩不通，此時如果處理不當，銀行很有可能會就此倒閉。

　　所幸，該銀行的經理鎮定自若，不慌不忙地將庫存的現鈔全部搬了出來，一面延長銀行營業時間，另一面緊急向同行拆借現金。

　　當趕來擠兌的人，看見現場現金如此充足，不禁相信銀行的實力沒有問題，大都認為財務不穩的消息應該是個謠言，再加上大排長龍的等待，實在浪費時間，便放心地回家休息，擠兌的人數立即明顯變少了。

　　另外，一些銀行大戶，看見銀行的情形穩定，又想到提領完現金還有被搶的風險，索性相信銀行，也省得為自己增添麻煩，這場擠兌風波也就此煙消雲散。

　　另一個例子是，曾經有某家上市公司，因為市場派和當權派爭奪經營權，而藉著拉攏股權的方式爭奪不休。

　　在股權開始進行登記之後，市場派四處活動，到處請託送禮，拉攏的股權很快地便超過了當權派。

　　在兩者股權拉長了距離之後，市場派預估其餘小股東不會出席，又見當權派無力拉攏，眼見局勢已定，便自信滿滿地認為，

一切穩操勝算，便對當權派的注意力逐漸鬆懈，甚至開始為奪權成功大肆慶祝。

未料，當權派早就暗中拉攏其餘的分散股權，努力邀請他們聚餐歡敘，並在登記截止的期限前一刻，帶著小股東全數前往會場，進行登記手續。

這個情況讓市場派頓時傻眼，面對這樣致命的一擊，他們根本無法招架，在完全沒有掙扎的餘地之下，只能以奪權失敗而告終。

這彷彿就像孫臏與龐涓決戰的現代翻版，說明競爭過程中，原本就是要虛實交互運用，讓競爭對手握不住你的實力，從而無法與你進行對抗。

這幾則隱藏實力與展示實力的方法，都表現得恰到好處，他們合理地利用自己的實力，然後稍加隱蔽，沒有讓人們窺破其中的玄機，巧妙地扭轉對方的心理，讓成功穩固地站在自己這一邊。

所以，捉準時機，將優點掩飾起來，讓對手鬆懈怠惰，甚至對你毫無防備，掉以輕心，直到遭遇你的正面進攻才驚醒，但卻為時已晚，這也是謀求獲勝的商戰策略中，最常運用的方法之一。

我不是教你壞

競爭優勢是指你比其他人有更優越的條件，它是利用來使你比競爭對手更有吸引力，更有效能。

——威廉·萊修

不拘小節，人才才會鞠躬盡瘁

> 一個成功者的事業版圖，往往是用無數人才的血
> 汗繪製而成。相同的，他們邁向成功的階梯，也
> 經常是用人才鞠躬盡瘁的屍骨堆疊而成。

身為一個想要有所作為的領導者，最應該擔憂的是手下無可
用之人，盡是一些成事不足、敗事有餘的蠢才。

因此，在舉用人才之際，一定要不拘小節，因為，領導者除
了要積極經營自己的版圖之外，更需要人才的輔佐，群眾的擁護，
才能長治久安。

戰國初期的名將吳起為了入仕，便拜孔子的學生曾參為師，
學習儒家義理，由於吳起勤奮向學，深得曾參的喜愛。

然而，當吳起的母親去世時，他卻不願意按照當時的習俗回
家守孝三年，認為那樣只會白白浪費時光。

這件事讓曾參非常生氣，一氣之下將他趕出師門，從此，吳
起便放棄了儒學，轉而學習兵法。

當齊魯之戰爆發，魯國國君雖然想任用吳起，卻因為他的妻
子是齊國人，而有所猶豫，後來吳起的妻子恰巧死了，魯君這才
放心派他率軍出征。

這一戰，吳起率領了兵少將弱的魯國軍隊，居然打敗強盛浩

大的齊軍，展現了自己卓越的軍事才能。

雖然他大勝而回，這時卻傳出了一個相當歹毒的謠言，指出吳起為了當上將軍，竟然不惜殺害妻子。

魯王聽聞傳言之後，並沒有詳加查察，便聽信左右讒言，從此疏遠吳起，而被謠言中傷的吳起深深受挫，也離開了魯國。

不久，他得知魏文侯正在廣募賢才，便立即轉道來到魏國，後來幸運地獲得魏國將領翟璜賞識，隨即推薦給魏文侯。

然而，魏文侯也擔心吳起徒有才能，卻品德不佳，因為他也聽說，吳起不願為母親守喪之事，以及為了當上將軍，不惜將自己的妻子殺害的傳言。

不過，翟璜卻力勸魏文侯：「想要成就大業，就應當不拘小節，吳起沒有守孝三年，我國也沒有一定要遵守儒家禮教的規定，再者，就算吳起急於建功立業而殺妻，不也正好符合國家的需要？」

後來，魏文侯聽了吳起的軍事見解，馬上驚為天人，徹底心服口服，任命他為大將軍，派他出任西河守。

吳起到西河後訓練軍隊，帶領百姓耕種梯田，因為頗能體恤民情，深得百姓愛戴，沒有幾年工夫，便把西河治理成進可攻、退可守的重要據點。

西元前四○九年，吳起帶領軍隊渡過黃河，攻克了秦國的臨晉、洛陽、合陽等重要城鎮，更讓企圖大舉入侵中原的秦軍大敗而逃。

一個成功者的事業版圖，往往是用無數人才的血汗繪製而成，相同的，他們邁向成功的階梯，也經常是用人才鞠躬盡瘁的屍骨

堆疊而成。這麼說雖然充滿權謀，卻是不爭的事實。

如果，當時魏文侯只注意那些對吳起不利的傳言與缺點，而忽視了他的軍事才能，那麼他的損失恐怕不小吧！

從魏文侯重用吳起這個故事中，我們可以得知，身為一個優秀的領導人，在選用人才和班底之際，一定要用人唯才，不拘泥世俗的小節，能夠如此，便能為自己創造成功的高峰。

我不是教你壞

很明顯的，由於欺詐性廣告的不斷流傳，使得人們的智力不斷降低，這說明了要征服一個市場，方式不只一種。

——彼得·杜拉克

把人才用在最正確的地方

選用人才，領導者一定要注意任人唯賢的重要
性，並了解此人是否有勝任的實力，否則再美好
的目標，都會事倍功半，甚至功敗垂成。

在實力決定勢力的競爭社會中，一個領導者一定必須具備識
人用人的精準眼光，以及放手讓下屬發揮才華的決斷。

呂蒙曾經被人譏笑為「吳下阿蒙」，後來奮發圖強讓人「刮
目相看」，是東吳的一員大將。赤壁大戰之後，呂蒙鎮守陸口，
隔著長江與荊州相望，而關羽在劉備、孔明進入四川之後，也獨
當一面，屯駐在荊州。

雖然，關羽曾經主動出擊，打下曹軍佔領的襄陽地區，還水
淹七軍，擒獲了曹操的猛將于禁、龐德……等人而名震天下，然
而，他卻因為戰線拉得過長，憂患也一天一天地加深。

當時，魏、蜀、吳三國展開了混戰，關羽乘機襲擊曹營，而
東吳又在背後對關羽虎視耽耽，曹軍也因為屢次戰敗而對關羽懷
恨在心，所以打算暫時與東吳聯手，協助東吳進攻關羽。

孫權看準時機，決定進攻關羽，要回被蜀軍賴著不還的荊州。

他把堂弟孫皎與大將呂蒙叫來，讓他們共同領軍作戰。

然而，呂蒙對此卻很不滿，抱怨道：「主公倘若認為呂蒙可

用，則獨用呂蒙，若以爲叔明可用，請獨用叔明。」

亦即，他希望孫權只須挑選其中一人領軍即可。

孫權聽了呂蒙的話，心下暗自揣測：「莫非呂蒙已有破敵之計？」於是，過了不久他便把呂蒙召來，說道：「呂將軍，我就任命你爲領兵大都督，總管江東諸路軍馬。」

孫權真的獨用呂蒙，而呂蒙也不負重望，帶領東吳士兵，偷襲荊州得勝。

這一役，讓關羽的軍隊失去荊州之後，喪失了後援補給，無疑是個重大的打擊，最終導致關羽在麥城一役戰敗被殺。

東吳能在這次戰役獲勝，多虧孫權的慧眼識英雄，給予呂蒙完全的信任，更讓呂蒙完全發揮實力，才能擊敗關羽這個強敵，這正是現代領導者應該學習的地方。

選用人才，領導者一定要注意任人唯賢的重要性，也一定要考慮工作性質是否符合部屬的特質，並了解此人是否有勝任的實力，否則再美好的目標，沒有適才適用，都會事倍功半，甚至功敗垂成。

我不是教你壞

創造力就像野兔一樣，如果你已經有了一對野兔，並且了解到如何養活牠們，那麼很快的，你就會有一打野兔。
　　　　　　　　　　　　　　　　　　——史坦貝克

想出更好的致勝方程式

處理棘手事情的時候，別老是直線思考，有時要
把問題上下左右思考一番，才會有更好的致勝方
程式出現。

精於用兵之道的人，往往能從常理之中洞悉對自己最有利的
情況，然後採取違反一般人思考邏輯的方法行事，進而出奇制勝。

這就是所謂的「逆向思考」，只不過，很多人自以為自己在
逆向思考，其實只是重新安排自己的偏見。

古希臘的荷馬史詩《伊利亞特》中，記載了一則最著名的特
洛伊戰爭，當時聯軍為了攻破特洛伊城，費盡心機想出一條計策。

當兩軍交戰時，聯軍假裝節節敗退，倉皇之中丟下了內藏大
批精兵的木馬。

特洛伊人眼見敵軍敗走，不禁歡聲雷動，便順理成章地將這
個巨大的木馬視為戰利品，運回城內。

當晚，特洛伊人為慶祝勝利而狂歡的時候，木馬內暗藏的無
數精兵一湧而出，殺得特洛伊人驚慌失措，而在城外守候的聯軍
將士們，一發現城內烽火四起，也立即向城內進攻，一舉佔領了
特洛伊城，而這正是著名的「木馬屠城計」。

　　像這類「逆向思考」方法，運用在經商謀略中，同樣能出奇制勝。

　　美國就有一位名叫麥克的精明商人，很喜歡研究美國有關商業貿易方面的法律，只要他一發現漏洞，便會趁機大撈一筆。

　　有一次，麥克在法國購買了一萬副女式皮手套，但是按照當時的貿易規定，這批貨物要進口到美國必須繳納高額的關稅，於是，他為了減少稅額，便開始思考新的進貨方式。

　　最後，他想出一個讓人意不到的方法，只見他將手套分為兩批，第一批先運回美國，另外一批則原封不動。

　　先運回的手套如期抵達，麥克卻故意不去提貨，因為依海關法律規定，逾期存放的貨物會被充公拍賣，他那批手套自然也難逃此運。

　　拍賣之日，前去標購手套的商人為數不少，麥克置身其中，不動聲色。

　　當負責拍賣的官員打開包裝一看，不禁大叫一聲，原來運來的手套儘管材質精美，但都是左手手套，根本無法在市場上販售。

　　現場熱絡的氣氛頓時冷卻，最後只剩麥克一人還在場內，於是，麥克便以極低的價格買走了所有的手套。

　　很快的，麥克又運來第二批手套，這次他把一萬隻右手手套兩兩相配，冒充成一左一右的「正常」手套。

　　結果，此計成功，海關人員只收了麥克五千副手套的關稅。

　　如此一來，麥克只用了一半的關稅，外加拍賣左手手套時所花去的一小筆費用，順利地將一萬副手套，運進了美國境內。

　　「怎樣才是最有利的方法，如何才能出奇致勝獲得成功？」

　　相信這個疑問，必定在許多力求成功的人心中，不斷地被思考著，但是，大家都只在既定的思路上來回探索。

　　其實，處理棘手事情的時候，別老是直線思考，有時要把問題上下左右思考一番，才會有更好的致勝方程式出現。

　　像故事中的木馬戰略，像是商人麥克的另類方法，凡事只要能轉個彎想，我們便能找到另類的成功技巧，登上等待已久的成功寶座。

我不是教你壞

　　一個想法僅僅是一個出發點而已，一旦你把它詳細說出來，它就已經受到思想的改造了。　　　　　——畢卡索

識時務才能開創人生版圖

只要別一窩蜂地跟著所謂潮流或別人的腳步走，因為，那些只懂得一窩蜂的人，絕大多數都是以失敗作為結局。

知道自己的實力到達哪裡，也知道自己的弱點在哪裡，這兩項是我們發展自己人生版圖最重要的認知。遇到實力比自己強壯的對手，我們都應該明知時務，避實就虛，另外尋發展的道路，而不要做無謂的拼鬥，那樣只會弄得兩敗俱傷。

國際知名的路透社創辦人路透，轉移陣地到倫敦營業之前，曾有一段時間在德國的古城亞琛從事通訊社的經營工作，這裡正是奠定他未來成功的重要基礎。

一八四八年，普魯士政府正式開通了從柏林到亞琛之間的電報線，並同意開放供商業通訊使用。於是，利用柏林與亞琛之間的電報線來從事服務，成了一項最有利可圖的事業，路透得知這個消息之後，決定要抓住機會，開創一番事業。

他趕到了柏林，想要效法法國新聞界名人哈瓦斯創辦通訊社，不過在這之前，沃爾夫通訊社的人卻已經搶在他的前面，在柏林建立了「沃爾夫辦事處」。

由於沃爾夫的經濟實力相當雄厚，再加上他有著和路透一樣

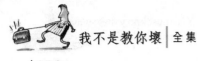

精明的頭腦與才幹，面對這樣的對手，路透知道自己根本無力挑戰，即使勉強經營，也只能疲於應付，難以有更大的創新和作為。

於是，他決定放棄在柏林的發展。

不過，路透一點也沒有氣餒、絕望，立即又趕回亞琛，幸運的是，在亞琛這項生意還沒有人開始。於是，路透立即開辦了獨立經營的電報辦事處，勤奮不懈地廣泛搜集當時歐洲各主要城市的每一項行情快訊，彙整編輯成「路透行情快訊報」。

路透盡可能地利用最快的交通工具，將報紙提供給分散的訂戶，由於他不辭辛勞地奔走，名聲逐漸傳了開來，經過一段時間之後，他的市場居然佔了大半，許多人都爭相訂購，而路透也終於在報訊業中，站穩了自己的地盤。

人生很多時候要像路透一樣，懂得避實就虛、迂迴前進，這正是做人做事策略中相當重要的一環。

別一窩蜂地跟著所謂潮流或別人的腳步走，因為，那些只懂得一窩蜂的人，絕大多數都是以失敗作為結局。

人生最重要的一件事就是選擇自己可以成功的道路，才不會蹉跎一生而一事無成。路透的成功故事要告訴我們：「要做就要做獨一無二的事，只要多運用你獨一無二的創意，並發現獨一無二的商機，那麼成功必定是你的！」

我不是教你壞

如果你能夠把諂媚的花言巧語讓人聽起來變成坦率懇切的苦口良言，那麼你就離成功不遠了。　　——喬叟

當個能綜觀全局的領導者

將工作轉交給部屬，不僅可以提高員工的能力，
還能讓你有時間綜觀全局，讓你領導的事業擁有
最大的突破空間。

　　想成為優秀的領導者，一定要有識人之明，並且要有充分授權的觀念。

　　否則，就會用人不當，讓自己像無頭蒼蠅一樣東飛西竄，疲於奔命卻又做不成什麼大事。

　　丙吉是漢宣帝身邊重要的宰相，有一年春天，丙吉乘車經過繁華的都城街道，恰巧看見有人當街群毆，死傷極多。

　　然而，當時他卻視若無睹，立即離開現場，接著他又看到了一頭拉車的牛，氣喘吁吁地吐著舌頭，一副無精打采的模樣，他居然立即派人去問牛的主人，這頭牛到底是怎麼回事。

　　丙吉對於人畜表現出兩極化的態度，令旁邊的隨從都感到好奇，不禁問他：「為什麼宰相對群毆的事情不聞不問，這會兒卻如此操心牛的氣喘，如此是不是有點輕重不分，本末倒置？」

　　丙吉認真地回應：「制止群毆是長安令或京兆尹的職責，身為宰相，我只要每年評定他們的政績，再將賞罰建議呈交給皇上就行了，並不需要參與這些瑣碎之事。至於關心牛隻，我之所以

要停車探問，那是因爲，現在正值初春時節，黃牛卻大吐舌頭，氣喘不停，我很擔心是因爲陰陽不調。陰陽不調則關係舉國人民的生計，這是宰相的責任之一，所以我才特地停下車子詢問。」

　　眾隨從聽後，這才恍然大悟，紛紛稱讚宰相英明。

　　這個故事提醒我們，有能者或有權者，不要一味地把所有的權力都牢牢握在手中，或是大事小事都非得親身過問才可以，畢竟超過負荷的工作量，絕對不是最有效的工作方式。

　　那只會讓你工作辛苦，此外，管得太多也很容易雜亂無章，如果凡事必定要親自叮嚀，甚至插手其中，對工作上的績效無疑弊多於利！

　　其實，領導者最重要的工作，是擬定完善的計劃後，有條不紊地將工作分派給底下的人，而且知道哪個部份適合哪些人去執行，自己只要研究如何提高計劃的完成效率就可以了。

　　因爲，唯有這樣才能充分地運用員工的能力，還能讓自己能有效地綜觀全局，並讓自己領導的事業有最大的突破空間。

我不是教你壞

天生就想要缺德做壞事的人，如果找不到漂亮的藉口，就會明目張膽地去做惡！

　　　　　　　　　　　　——伊索

以柔克剛，才不會兩敗俱傷

以剛克剛，容易落得兩敗俱傷，

面對剛烈之人，更應以己之長克其之短，

而不是硬碰硬，推向玉石俱焚的危險態勢。

用激將法改變對方的想法

陳圓圓於生死關頭，沒有向闖王討饒示弱，而是
利用他的高傲，以「冷笑」傲之，以「畏」字激
之，使李自成收回賜死的成命，因此得以脫險。

面對強勁的對手，與其示弱求饒，倒不如使出激將法改變對
方的想法。

明末年間，闖王李自成進北京，將吳三桂的愛妾陳圓圓捉拿
到大營。

李自成目光一掃陳圓圓的芳容，不由得心中為之一動，暗自
道：「果然是個天生尤物，難怪吳三桂要為她拼命！」連一旁的
劉宗敏也被陳圓圓的姿色迷住了。

這種「禍水紅顏」絕對不能留，李自成下定決心後便對身邊
的侍衛示意說：「把她拉出去，勒死！」

陳圓圓不等侍衛動手拉扯，自己站了起來，面向李自成，看
了他一眼，微微冷笑一聲，然後轉身就走。

然而，陳圓圓的這一看一笑，把李自成的心給勾住了。李自
成大喝一聲：「回來，妳冷笑什麼？」

陳圓圓聽到後，就又跪下，說：「小女子久聞大王威名，以
為是位縱橫天下、叱咤風雲的大英雄，想不到……」

「想不到什麼？」闖王問。

「想不到大王卻畏懼一個弱女子！」

「我怎麼會畏懼妳？」

「大王，小女子也出身良家，後來墮入煙花，飽嘗風塵之苦，實屬身不由己。最初被皇親田畹霸佔，後被吳總兵奪取，大王手下劉將軍又圍府將小女子搶來，皆非小女子本意。請問大王，小女子自身又有何罪過？大王仗劍起義，不是要解民於倒懸、救天下之無辜嗎？小女子乃無辜之人，大王卻要賜死，如果不是畏懼小女子，又作何解釋呢？」

李自成被陳圓圓這一席話問住了，許久不能回答。過了一陣子，他抬起手和緩道：「妳起來說話。」

陳圓圓緊接著又陳述了殺她與不殺她的利害得失：「現在，大王如果把我這小女子殺了，對大王毫無益處，卻必定激起吳總兵更強的復仇心，吳總兵必會日夜兼程，追襲不休；若是大王饒小女子一命，小女子必感念大王不殺之恩，保證讓吳總兵滯留京師，不再追襲大王……」

於是李自成被說服，沒有殺陳圓圓，並且好好款待她。

陳圓圓於生死關頭，沒有向闖王討饒示弱，而是利用他的高傲，以「冷笑」傲之，以「畏」字激之，使李自成收回賜死的成命，因此得以脫險。

我不是教你壞

一個人若只會思索如何維持現有的成就、優點與視野，那麼，他就失去了順應潮流的能力。

——彼得・杜拉克

忍耐，是為了累積成功的資本

最懂得忍字訣的人，在不斷地累積力量、增強忍耐力和判斷力的同時，也為將來事業累積成功的資本。

宋朝文學家蘇洵曾說：「一忍可以制百辱，一靜可以制百動」，這番話告訴我們，凡事雖然應該把握時機，卻也不能貿然行動。

歷史上的成功人物者都知道，「忍」字是至高至上的修為，能忍耐的人才能伺機待時，等到有了足夠的力量與對手對抗，便能猛烈反擊，一戰而勝。

三國時期，南方部族首領孟獲領兵反蜀，製造叛亂，而蜀國則由丞相諸葛亮親自率軍前往平定，當時他便是以「忍」字訣，徹底征服孟獲。

諸葛亮聽說孟獲不但勇猛，而且在南方各部族人民中極具威望，為了長治久安，便以降服孟獲為目標，下令對孟獲只許活捉，不得傷害。

孟獲軍隊與蜀軍交鋒之時，諸葛亮命令蜀軍故意敗下陣來，孟獲憑仗人馬眾多，只顧著向前衝，卻誤中蜀軍的埋伏，因此而大敗。

這是孟獲第一次被活捉，當時諸葛亮請他進入蜀軍帳內，並當場叫士兵為他鬆綁，還陪他參觀軍營，結果，並未獲得孟獲的臣服，他仍然傲慢無禮，不肯就此服輸，諸葛亮也沒多說便放他回去。

孟獲回到部落後，重整旗鼓，又一次進攻蜀軍，結果再次被諸葛亮活捉。

儘管諸葛亮繼續耐心規勸，但孟獲還是不服，而這一次，諸葛亮依然又放了他。

此後，孟獲改變了戰略進攻蜀軍，或堅守渡口，或退守山地，然而不管他如何改變，始終都被諸葛亮擒住，也一次又一次被釋放。

直到第七次，孟獲被擒時，諸葛亮再次要放他回去時，孟獲卻跪了下來，還哭泣著說：「丞相七擒七縱，待我可說是仁至義盡，我打從心裡佩服，從今以後絕不再聚眾反叛。」

孟獲第七次獲釋回去之後，便極力說服各部落的人民，使南中地區重歸蜀漢，蜀國後方逐漸穩定，各部族人民也得以休養生息，安居樂業，從此，蜀國再也不必浪費兵卒去討伐叛軍了。

以當時的現實局勢而言，蠻族反叛無常，殺了孟獲只會使情況更加惡化，因此，諸葛亮百般隱忍，終於得到最佳的回報。

最懂得忍字訣的人，會要求自己，培養剛強的毅力和堅韌的耐力，能忍人所難以忍受的事物，好讓自己能屈能伸，而在不斷地累積力量、增強忍耐力和判斷力的同時，也為將來事業累積成功的資本。

所以，忍與不忍的區別就在於，不能忍耐的人雖然可以暫時

發洩眼前怨氣，卻往往無法得到最後的成功，而能忍耐的人則因為等到致勝良機，才能有機會獲得長遠利益的回報。

我不是教你壞

每個人都有自己相信的座右銘，我的成功座右銘就是：人不可不要臉，但臉皮一定要夠厚。

——約翰‧雷

虛心接受別人的建議

想要箝制別人的想法或言論，是行不通的方法。
想要封住別人的嘴巴，到頭來只會換來更多不堪
入耳的流言和毒語。

在這個越來越不說實話的時代，有些人為了不得罪人，往往戴著面具說假話。更多時候，表面上對你越曲意奉承、越恭敬有禮的人，骨子裡越可能暗藏著不可告人的目的。正因為如此，我們更應該虛心接受別人的建言。

對於別人的批評和議論，即使覺得不公允，也不必氣沖沖地反駁，應當以虛懷若谷的態度加以接受，允許別人在自己面前發表不同的意見，作為自己反省檢討的借鏡，這才是正確的為人處世之道。

春秋戰國時期，齊國有位名叫鄒忌的大臣，由於長得風流瀟灑、氣度不凡，被譽為美男子。對此，鄒忌感到相當得意。

鄒忌聽說當時城北也有位美男子，心裡經常想：「不知道誰長得比較俊美？」

他的妻子、侍妾和前來拜會的人聽見他的疑惑，個個都說他比較俊美。

後來，鄒忌親自看見了那個美男子，相較之下他卻發現，自

己根本不如對方，他也這才知道，自己受到妻子、侍妻和拜會者的善意欺騙了。

不久，他把這件事情告訴齊王，並建議齊王要虛心納諫，接受不同人的建議和面諫，即使對方的建議讓自己難堪，也應當虛心接受。

齊王認為有理，隨即發出佈告，隨即進諫的人往來不斷，其中有許多意見皆能切中時弊，而齊王也都能接受改進。

後來，意見越提越少，齊國的政治也越來越開明，經濟發展與國力日益強盛，終於成為當時諸侯公認的強國。

春秋末年，子產也是位從不對民眾言論加以壓制的宰相，即使人們對鄭國的政治抱著不滿或是嘲諷態度，他都能坦然接受。

當時，在鄭國各地普遍設有鄉校，那裡不只是教育人民的地方，同時也是許多對政治不滿的人發言的場所。

民眾們在那裡發洩怨言並斥責政治，有些朝中大臣聽說後，非常擔心這些人會對社會、政治帶來不良的影響，紛紛要求關閉鄉校。

然而，這時子產卻反駁說：「千萬不可以關閉鄉校，因為那是民眾在結束一天的勞動之後，唯一休息的地方，他們聚集在那評議政治其實並無不妥，他們的意見更可以作為我們施政的參考，對於讚賞有加的政策，我們便可以繼續深化實行，如果聽見批評或是建議，我們更應該加以改革。一旦我們強行壓制，也許能暫時抑止他們的言論，但是，此舉卻像堵塞河道一樣，水勢雖然一時堵住，但是，當更大的洪水滾滾而來時，必定會氾濫成災。與其如此，倒不如從平時就慢慢地疏通洪水，這不是更好嗎？」

從子產這番話，我們可以知道，想要箝制別人的想法或言論，在這個誰也不怕誰的年代，早就已經是行不通的方法。

想要封住別人的嘴巴，到頭來只會換來更多不堪入耳的流言和毒語。

面對批評或批判，我們都應當有包容的心胸和寬容的氣度，允許人們發表不同的意見，因為，嘴巴長在別人的臉上，不是我們可以控制的。

唯一對自己有用的應對方式是，從這些話語之中找出自己看不見的問題，補強自己缺失或不足之處。

懂得以別人發出的批評、諫言作為自己的一面鏡子，也才能讓自己朝著更正確的道路前進。

我不是教你壞

一個人越是卑鄙，他就會越固執地想要扮演高尚的角色，有些人甚至還因此成功了。　　——塞涅卡

收放自如的領導藝術

領導的藝術有如放風箏，看上去是讓風箏自由自
在地遨翔，但實際上，風箏的一切全掌握在你手
中牽動的那條細細的絲線上。

美國前總統吉米·卡特，曾意識到自己肩負的責任重大，事
事都想親自處理，卻又深感力不從心，經常被國內外要事弄得暈
頭轉向，部屬抱怨卡特不肯充分授權，卡特本人也苦不堪言。

多數人民看見政府機器無法順暢運作的情況，便認為這是領
導者無能的表現，於是用選票把吉米·卡特撞了下台。

當卡特準確無誤地意識到國家面臨的困難，其實我們可說他
洞察力敏銳，然而，他卻沒有充足授權部屬分工合作的勇氣，與
面對難題的自信，使得人民跟著他一起惶恐不安，為自己埋下了
失敗的因果。

另一位演員出身的美國總統雷根，則是把政治當成表演事業
而獲得成功。

雖然他每次即興演說時，總是會把自己的無知曝露在複雜的
議題上，然而，每當他對涉及的問題一無所知時，卻能依照白宮
幕僚的教導，果斷地處理，並展現幹練的一面。

這不僅讓美國人民相信他是個優秀的領導者，更因為他的自

信態度，讓人民也產生無限的信心。

因此，以風趣幽默、機智果斷著稱的羅納德‧雷根，不僅獲得了人民的信任，更成為美國近代史上最受歡迎的總統之一。

從卡特和雷根這兩位美國總統的比較中，我們看見了領導者在權力方面「收放」藝術的重要性。

卡特因為將擔憂放得太過，表現出冷靜不足的情況，以致於無法獲得人民的支持；而貌似糊塗的雷根，卻因為展現充分的自信，深受人民的信任，兩個人不同的領導風格，讓他們有了不同的結果。

其實，領導的藝術有如放風箏，必須收放自如，看上去是讓風箏自由自在地飛在天空，自由遨翔，實際上，風箏的一切全掌握在你手中。不必擔心它會不受控制，無論它飛多高多遠，終究被那根細細的絲線操控著。

我不是教你壞

我絕不會去嘗試跳過七英呎高的欄杆，我通常會找尋旁邊是否有一英呎高的欄杆，然後跨越過去。

——華倫‧巴菲特

以柔克剛，才不會兩敗俱傷

以剛克剛，容易落得兩敗俱傷，面對剛烈之人，
更應以己之長克其之短，而不是硬碰硬，推向玉
石俱焚的危險態勢。

　　在社交或談判場合中，不需要太多刻意的言行表現，有時候
氣定神閒、默默無言，反而會使對方摸不著頭緒，認為你高深莫
測而不敢造次，老子所說的「大辯不言」，正是這個道理。

　　畢竟，以剛克剛，容易兩敗俱傷；以柔克剛，才是真正的技
高一籌。

　　三國時，諸葛亮最為後人稱道的謀略，正是空城計。

　　當時，城中只有數百名老弱殘兵，諸葛亮只好施展心理戰術，
將城門敞開，然後帶兩名童子在城頭撫琴，司馬懿率領了十萬眾
兵殺至城下，猛然看見諸葛亮神情自然，談笑風生。

　　如此怡然自得的模樣，令生性多疑的司馬懿心中不安，狐疑
多時，最後選擇退避三舍，不敢貿貿然進攻。

　　就這樣，諸葛亮不費一兵一卒，以計謀嚇退了司馬懿的十萬
大軍，等到司馬懿察覺上當，已經失去最佳的攻城時機，諸葛亮
的援兵業已馳回。如果，當時諸葛亮選擇了硬碰硬，勢必會城破
人亡，性命難保。

　　凡事冷靜處理，只要面對問題時，表現得愈自在愈不在乎，反而容易給人老謀深算的神秘感，讓人心生畏懼！

　　利用人共同的多疑猜忌的特性，來擾亂他人的判斷力，最能達到預期目標，因為表面上，我們看似沒有積極地採取行動，實際上卻使得對方在心理層面具有了一定的約束力。

　　所謂「四兩撥千斤」，便是一種以柔克剛的原理。

　　剛烈之人容易被柔和之人征服、利用，就像一塊巨石，如果落在一堆棉花上，便會被棉花輕輕鬆鬆地包覆在裡面，所以領導者應當更善於以柔克剛。

　　在剛強與柔軟之間，多數人仍然是吃軟不吃硬的。

　　以剛克剛，容易落得兩敗俱傷；以柔克剛，則較容易馬到成功。因此，面對剛烈之人，更應以己之長克其之短，而不是硬碰硬，造成雙方同時失去理智，推向玉石俱焚的危險態勢。

我不是教你壞

對於有幸進入充滿競爭力公司的人來說，那競爭慘烈的時期卻是最興奮、最值得、最滿足的時光。

——威廉‧道菲奈

想成大器，就不要用情緒處理問題

想成大器，切莫用情緒來處理小事或紛爭，要忍
人所不能忍，輕鬆地處理一些繁瑣小事，讓重要
的大事能早一步得見成功！

所謂「小不忍則亂大謀」，面對不在人生計劃中的屈辱、挫
折、失敗，如果不能克制住一時的衝動，很容易會讓自己做出後
悔的事。

因爲無法克制情緒，而讓突如其來的小事打亂自己的人生節
奏，使得整個佈局大亂，無疑是件不智的舉動。

中國名將韓信是位家喻戶曉的人物，能讓他稱雄一時的原因，
其實在他還未成名之前，便可窺見一二。

性情謙和柔順，且能屈能伸的韓信，某天正在街上行走，忽
然，眼前出現了三四個地痞流氓，一副趾高氣揚的模樣，還用斜
睨的眼神看著視韓信。

韓信先是一驚，隨即拱手道：「各位兄台，不知有什麼指教
嗎？」

其中一位撇著嘴，大笑幾聲後說道：「我們哥兒們是有點事
要找你，只是不知道你辦不辦得到？」

韓信平靜地說：「蒙各位抬愛，不知道是什麼事呢？」

看見韓信如此恭敬，那些人全部大笑起來，帶頭的那人說：「什麼抬不抬愛？不爲什麼，我們聽說你成天背著寶劍在街上閒晃，今天我們特地來見識見識，看你到底有多大的能耐？」

韓信一聽，心想：「看來是故意要爲難我的囉！」

他陪著笑說：「各位，我想是有人信口誤傳，我哪裡有什麼能耐，又怎能與你們幾位英雄相提並論呢？」

那群人輕蔑地望著韓信，聽他如此謙卑，竟然更不讓他離開。

突然，帶頭的人將劍了抽出來，往韓信的面前一扔說：「看你還算老實，今天我們不動手，你要是有膽識的話，就用這把劍來砍我的腦袋，要不然嘛……你就乖乖地從我的胯下鑽過去，哈哈哈……」

韓信望望地上的劍，又看了看前面仰頭而立的地痞頭頭，輕輕地皺了皺眉，而在旁邊圍觀的人這時也開始議論紛紛，還鼓譟喊叫著：「韓信，快用那把劍宰了這個狂妄的傢伙。」

然而，韓信卻咬了咬牙，緩緩彎身下去，接著便出乎眾人意料之外，從那人的胯下爬了過去。

眾人看見這個景象，無不驚愕，連那群流氓也吃驚不已，而韓信爬完後，便立即起身，拍一拍身上的塵土，便頭也不回地離開了。

俗語說得好，大丈夫能屈能伸。

試想當時，如果韓信當時火冒三丈，趁著怒氣殺死了那個流氓，接下來必定會有一場惡戰，勝負難以預料。就算韓信能夠全身而退，也難逃殺人罪名，勢必得面對官府的緝捕！

在鬥毆這種小事上獲得勝利，只會替韓信惹來其他對立或仇

恨的災禍，這種表面上的勝利又有什麼意義？

　　所以，一個人若想成大器，切莫用情緒來處理小事或一些無謂的紛爭，要忍人所不能忍，要是能以忍讓代替對抗，便能輕鬆地處理一些繁瑣小事，讓重要的大事早一步得見成功！

我不是教你壞

美國人想知道什麼，就會打電話去問，而歐洲人會寫一張便條。美國的主管想要傳達的是：競爭非常嚴峻。

——凱‧林歐斯特

把苦難當作成功之前的磨練

只有勇敢地面對生活，經歷一番辛苦之後，才能
徹底體悟處世的道理。沒有滄桑生活的磨練，是
不會理解生活的真諦的！

有些人在現實的苦難中鍛鍊自己，讓自己不斷成長；當然，
也有人在困難之中，只想著要自認倒楣，結果錯過了邁向成功的
最好契機。

美國前總統比爾‧柯克林頓自小在一個不幸的家庭成長，他
平生第一次挺身抗暴是在他十四歲時。

據知名的新聞記者羅傑‧莫里斯說，一九六○年，比爾‧柯
林頓還是高一學生時，就已經是個大塊頭了。

有一個夜晚，當父母的臥室裡又傳出母親遭毆打的聲音時，
他連忙推門而入，對癱坐在地的繼父說：「我不允許你在發酒瘋
時，再動我的母親一根汗毛，否則你就要小心了。」

少年比爾‧柯林頓習慣戴著一個讓人看不透的假面具，所以，
朋友對他的印象都是討人喜歡、活潑開朗的。

有一天，有個朋友說：「現在我才知道，發生在他家裡的事，
沒想到他能如此沉穩，居然能把這些多事情都深埋在心底。」

從這段經歷，我們可以看見，原來這位後來當上總統的少年，

很早就學會如何讓自己活在雙重世界之中。

當然，也有人批評他：「像許多生活在嗜酒家庭的孩子一樣，他也學會了不說實話，而且沒有任何愧疚感。」

其實，在柯林頓面具之後是內心激烈的衝突，這些衝突造也就了一個積極奮發年輕人，因為在他緊繃的神經下，時時處於不穩定狀態，反而使他越想讓諸事順遂，和周遭的人相安無事。

所以，柯林頓在自省時經常說：「在我成長過程中，碰到的首要問題便是，該怎樣在不喪失原則、不大動干戈的情況下化解矛盾。」

柯林頓當選了美國總統，實現了少年時代就開始規劃的宏偉藍圖時，一個土生土長的溫泉城人說：「有不少人的確小看了他，不管是在幫助他的人面前，還是在可能害他的成年人面前，他都能應對自如，並巧妙地掩飾自己真實的感情。」

從柯林頓的成功例子，我們可以清楚知道，只有勇敢地面對生活，經歷一番辛苦之後，才能徹底體悟處世的道理。

不經歷風雨的洗禮，我們怎能見到彩虹？

沒有滄桑生活的磨練，是不會理解生活的真諦的！

我不是教你壞

新的模式是全球化相互關聯的網絡，因此新的領導者也面臨了新的考驗，譬如在這種創意密集、互賴網絡的環境中如何領導統御等等。 ——約翰·史考利

尋找化敵為友的方法

不必奉承、討好對方，也不必用爭鬥的方式來推
倒對手，與其樹立更多敵人，不如尋找「化敵為
友」的方法。

富蘭克林是美國歷史上非常具有影響力的人，年輕時，曾在
費城開了一家小印刷廠，後來被選為賓西法尼亞州議會的書記，
這才開始了他的政治之路。

但是在某次選舉期間，有位在議會中頗具分量的議員，卻對
富蘭克林發表了一篇反對演說，而且演說中把富蘭克林批評得一
文不值。

遇到這樣一個強勁敵手，對年輕資淺的富蘭克林來說，無疑
是件棘手的事，可是，富蘭克林只用了一個很簡單方法，就化解
了他們之間的尷尬與矛盾。

富蘭克林後來在自傳中回憶說，對於這位議員的反對，他當
然很不高興，可是，這位議員是一位很有學養的紳士，在議院裡
也有一定的聲譽和地位，所以，他並不會用卑鄙或阿諛的方法來
討好，或企圖贏得這位議員的同情或好感，他只在事情發生之後，
用一種很適當的方法來溝通而已。

富蘭克林聽說這位議員的藏書室裡有幾部很名貴的絕版書，
於是他寫了封信給議員，表明自己希望有機會能閱讀這些書籍，

並誠心地請求議員能借給他。

沒想到對方收到信後，立刻就把書給送來了。

一個星期之後，富蘭克林把那些書送還給議員，另外還附了一封感謝信，很誠懇地表示了自己的謝意。

在這之前，這位議員從來不和富蘭克林說話，但是自從借書之後，每當他們在議會遇見時，他便會主動地上前和富蘭克林握手、交談，並且態度非常友善，還說只要需要他幫忙，他都會義不容辭。

從此，他們不只成為了知己，彼此的友誼還一直維持下去。

富蘭克林的手法很簡單，這一步是富蘭克林從政道路上，非常重要的一次跨越。他化解了與這位議員的衝突方式，不是迴避、討好或委屈自己，而是尋找到彌合矛盾的共同點，而這也正是富蘭克林所要給我們的啟示。

不必奉承、討好對方，也不必用爭鬥的方式來推倒對手，與其樹立更多敵人，不如尋找「化敵為友」的方法，如果你想有所成就，這就是你最佳的成功捷徑。

我不是教你壞

歷史上，打破大眾錯誤觀念的人往往是冒險嘗試的人。
這些人願意冒險去嘗試做大家認為大膽或愚蠢的事情。

——丹尼爾‧布爾史坦

為自己營造聲勢，就能創造優勢

人為即是天意，無論是陳勝、趙匡胤，
還是歷史上其他風雲人物，
都是靠著自己營造聲勢而領盡一時風騷。

讓對手摸不清頭緒，就能達成目的

只要能以智取勝，想出借力使力，或讓對方鬆懈
心防的方法，很多時候，不需費太多力氣，便能
輕鬆達到自己期望的目標。

　　「聲東擊西，攻其不備」是兩軍交鋒之時，運用得最廣泛的
戰術。

　　這個戰術的要訣在於放出風聲或製造假象，鬆懈對方的戒心，
然後在儲蓄實力之後，給毫無防備的對手致命一擊。

　　唐高宗時，吐蕃在青藏高原崛起，勢力日漸強大，威令西突
厥歸附，打算共同吞併吐谷渾。

　　唐朝干預吐蕃的吞併活動，導致雙方的和親關係破裂，隨後
唐朝立即援助西突厥，並任酋長阿史那都支為左驍衛將軍，要他
與吐蕃脫離關係。

　　然而，阿史那都支表面上臣服唐朝，暗地裡卻仍然與吐蕃聯
手，一起侵擾唐朝西境。當時，唐高宗想要發兵征討，吏部侍郎
裴行儉對唐高宗說：「吐蕃目前非常強盛，西突厥也已經表示要
與我朝修好，我們不便兩面用兵，不如趁著波斯國王去世，我們
前去祝賀王子尼涅斯繼位的機會，在經過西突厥時趁機行事，或
許可以讓他們不戰而降。」

　　唐高宗聽了之後，認為這個方法不錯，遂命裴行儉為全權使臣，率兵護送波斯王子尼涅斯回波斯繼位。

　　時值盛夏，裴行儉到達曾經任職過的西州，立即召集西州的豪傑子弟千餘人跟隨，還四處揚言說天氣實在太熱，不想急急遠行，希望等到天涼之後再啓程。

　　阿史那都支聽說裴行儉要在西州休息，而且要等天涼後才起程，便放下戒心，到處尋玩，消磨這個難熬的酷暑。

　　事實上，裴行儉並沒有真的休息下來，他秘密召集西州四鎮的酋長，對他們說：「以前我在西州任職時，最喜歡外出打獵，現在我想重遊舊日獵場，不知有誰願意與我同行？」

　　當地人本以遊獵為生，一聽到出遊打獵，個個都欣然應聲同行。於是，裴行儉精選其中的萬餘人馬，編成隊伍，以打獵為掩飾，暗中加以操練，待時機成熟，便急令隊伍抄小路向西快速前進，到了阿史那都支的部落附近時，再派遣使者向阿史那都支問候一聲。

　　當阿史那都支看見唐使突然來到自己的營帳，異常驚慌，後來見使者安詳平和，沒有指斥他與吐蕃暗地勾結，更沒有要討伐的意思，這才放下心來。

　　由於阿史那都支的軍隊已經完全鬆懈，依當時的狀況，根本無法作戰，因此他決定虛情假意周旋一番，便親率領子弟親信五百餘人前去拜訪裴行儉。

　　裴行儉表面上表示歡迎，一等阿史那都支等人進入營帳後，伏兵立即從四處湧出，五百餘人被悉數拘禁。

　　裴行儉兵不血刃地擒獲了西突厥的酋長，輕鬆地將任務完成，隨即凱旋而歸，另派屬下送尼涅斯回波斯。

　　所謂兵不厭詐，技巧就在於以虛爲實、以實爲虛，讓對手摸不清頭緒，就能達成自己的目的。

　　裴行儉利用刻意製造出來的假象，讓叛服無常的阿史那都支鬆懈警戒，再捉準時機伺機而動，正是擊破敵方心防的絕佳方法。

　　以智取勝，是所有兵法中最好的方法，援用至現實生活中，當你無法直擊對手要害的時候，便要用機智與對方交手。

　　只要能以智取勝，想出借力使力，或讓對方鬆懈心防的方法，很多時候，不需費太多力氣，便能輕鬆達到自己期望的目標。

我不是教你壞

如果你希望利用別人的知識來獲得資訊及增長見識，但同時你又堅持自己的想法，可能會使你對你的錯誤不以為意。
　　　　　　　　　　　　　　　　　——富蘭克林

為自己營造聲勢，就能創造優勢

人為即是天意，無論是陳勝、趙匡胤，還是歷史
上其他風雲人物，都是靠著自己營造聲勢而領盡
一時風騷。

■■■

與其等待命中注定的天意，不如創造有利於己的情勢。

陳勝、吳廣押解人犯至邊境，結果因為誤期可能被處斬，心想反正是死路一條，便計劃舉兵起義，然而對於秦王嬴政的餘威，他們仍然頗為忌憚。

兩個人想了又想，便想出了一個計謀，在夜裡躲在營地周圍，然後學狐狸的鳴叫聲喊叫：「大楚興，陳勝王。」

從此，陳勝開始引人注目，經常有人指著他的背影低聲耳語，接著他們又將小布條塞進魚肚，上面寫著「陳勝理應順天意而為王」等字，並偷偷混在市集的魚貨中，讓廚師買回去。

廚師剖開魚腹時，發現裡面的布條不禁大吃一驚。事情傳開後，眾人將之前的夜半之聲兩相聯繫，個個都驚訝不已，讓陳勝的號召力立即暴增。

後來，陳勝和吳廣揭竿而起，振臂高呼：「王侯將相，寧有種乎？」

民眾紛紛響應之下，開啟了中國史上第一樁農民起義。

相似的謀略，也發生在五代末年，趙匡胤發動了陳橋兵變，黃

袍加身，讓部屬們擁立他為皇帝。當時，趙匡胤還裝模作樣推讓一番，不肯答應，最後才在眾將的「懇求」下勉強答應，做了皇帝。

平定天下後，趙匡胤並沒有高枕無憂，整日尋思著如何能讓皇位穩固，有一天，當他和大臣石守信等人飲酒作樂時，意有所指地說：「以前不做皇帝時不開心，現在做了皇帝更不開心。」

石守信詢問何故，趙匡胤嘆氣道：「如果有一天，也有人把黃袍披在你們身上，擁立你們做皇帝，你們是答應還是不答應呢？我看不如這樣子吧，我多賜給你們一些良田美女，讓你們安穩地回家享受吧！」

石守信等人都是聰明人，一點就透，知道腦袋比官位更值錢，便謝過皇上，第二天上朝後，便辭官告老回鄉，安享餘生了，其餘那些曾隨著趙匡胤打下天下的重臣見狀，也紛紛辭官退休。

趙匡胤雖然少了這些開國功勳的輔佐，卻因此化解了權臣奪位的危險。

人為即是天意，畢竟真正能改變自己未來命運的人，還是我們自己。

無論是陳勝、趙匡胤，還是歷史上其他風雲人物，都是靠著自己營造聲勢而領盡一時風騷。這些例子都告訴我們，機會就在自己手中，每個人都可以為自己創造「天賜奇蹟」。

我不是教你壞

如果我懷疑有人稍微有點不老實，我便會調出他的支出報告來看。支出報告就像測謊器一樣，可以檢驗出他是否靠得住。

——馬克·麥考梅克

先培養勇氣，再等待時機

空有時機而沒有深厚的實力，一切終究只是個「零」，在這種情況下強行運作，是不會有任何奇蹟的。

在自己的實力尚未充足之前，若急著想要領導他人，反而容易導致反效果。

西漢末年的王莽本是漢室外戚，受封爲新都侯，後來又出任大司馬掌理朝政，榮華富貴享用不盡，卻老想嚐一嚐當皇帝的滋味。於是，他挖空心思，爲這場皇帝夢進行周密的準備。

爲了取信於民，獲得衆人的支援，他開始包裝自己，成爲一個禮賢下士的好宰相，並且塑造愛民如子、秉公執法形象。他還帶頭倡導簡樸生活，自己的兒子犯法時，也沒有枉法徇私，而是大義滅親。

種種舉動，果然讓許多人都相信，他是一個清正廉潔、愛民如子的好官，對他也產生了許多好感。

接著，他又玩起裝神弄鬼的把戲，命人偷偷在一塊石板上刻上「漢家江山應由王莽接任」等字。消息傳開之後，王莽還故意裝作無辜，上朝請罪，並發下重誓，說自己絕對無意奪取漢室江山。這個風波輕鬆過去之後，讓人們對王莽更加看重。

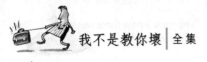
那麼，奪權篡位的時候到底成熟了嗎？

經過了很長時間，王莽以為時機已到，便弒君篡位、改朝稱帝，沒想到此舉，讓人民對他頓生反感，無論他先前做了多少「好事」，花了多少功夫包裝，人民仍然紛紛起身聲討。

加上王莽推行新政，法令繁苛，把國家治理得亂七八糟，弄得民不聊生、盜賊蜂起，更讓他有如過街老鼠，人人喊打，各地的反對勢力也逐漸聚集。皇帝做得提心吊膽的他，終日寢食難安，不久內憂外困一併襲來，結果只當了十幾年毀譽參半的皇帝，便匆匆走下歷史舞台了。

空有時機而沒有深厚的實力，一切終究只是個「零」，在這種情況下強行運作，是不會有任何奇蹟的，就像滿腦子幻想卻又眼高手低的王莽一樣。

沒有人有永遠的運氣，更沒有人可以只靠包裝便能獲得成功。實力是根，包裝只是外在的枝葉，當暴風雨來襲，枝葉總是受不了風吹雨打而斷裂折損，如果樹根紮實，那麼大樹還能繼續成長，終有一天會重現繁茂。

然而，若是根沒有紮深，大風一吹便連根拔起，再美麗茂密的枝葉又有何用？

我不是教你壞

成功的動力是對一切抱持成功的希望，在這個充滿競爭精神的社會，你會想去艱難的地方，跟競爭者短兵相接。
　　　　　　　　　　　　　　　　　　　　——理查·胡伯

創造情勢，就能扭轉劣勢

懂得創造情勢能逆轉當前的劣勢，不但讓本身實
力陡增，同時也讓對手變弱，這是在激烈的競爭
中勝出的技巧之一。

　　活在這個馬善被騎、人善被欺的時代，過河拆橋其實不算卑
鄙，投機取巧更不是小人的專利，如果你凡事只會死守著教條，
腦袋不懂得轉彎，就永遠只會讓自己被人騎在頭上。

　　三國時，蜀吳兩國達成協議，準備聯手抗曹，孔明到江東幫
忙佈陣應戰。

　　周瑜嫉妒孔明才識過人，故意要他三天之內造出三十萬枝雕
翎箭，誤期則按軍令斬首，打算趁機除去心頭大患，誰知孔明卻
胸有成竹地滿口答應。

　　就在第三日凌晨，孔明經由魯肅協助，在小船上紮起草人，
趁著夜晚的霧氣划向對岸曹營，並令兵卒擂鼓助威。

　　曹兵眼見許多船隻臨近，船上人影幢幢，疑心敵人來攻，卻
又礙於大霧出擊不便，只得站在岸上萬箭齊發，以阻敵軍來勢。

　　到了清晨，霧氣散去，草人上滿佈雕翎箭，諸葛亮這才命人
掉轉船頭，回歸大營，成功地交卸了責任。

　　如果要用傳統的方式製造這三十萬枝箭，不要說是三天，就
是二十天也造不完。諸葛亮也明白這一點，所以他藉霧氣掩護，

擂鼓吹號，佯裝進攻，讓曹軍以為吳蜀聯軍發動夜襲而墜入他的圈套，更讓他輕鬆「製造」了三十萬枝箭。

戰國末期，秦國想一統天下，當時最有實力與秦國抗衡的就是趙國，秦國決定要派大軍進攻趙國，趙王大為驚慌，緊急派遣老將廉頗率兵抵敵。

老將廉頗經驗豐富，針對敵我虛實，採用消耗戰，不與秦軍作正面對抗，慢慢消磨秦軍銳氣。

秦軍雖然來勢洶洶，無奈勞軍襲遠，後繼無力，又碰上趙國軍隊的頑強抵抗，毫無戰勝良策，只好到趙國散播謠言說：「秦軍根本不怕廉頗，只怕趙括掛帥出征，趙括才是趙國最好的統帥。」

沒想到趙王輕信流言，不顧趙母的再三勸阻，撤回廉頗，改派只會紙上談兵的趙括前去督師禦敵。

毫無用兵經驗的趙括貿然出擊，導致趙軍在長平一戰慘敗，四十萬士兵被坑殺，自己也身首異處。

所以，懂得創造情勢能逆轉當前的劣勢，不但讓本身實力陡增，同時也讓對手變弱，這是在激烈的競爭中勝出的技巧之一，熟知如何運用訣竅，自然能使自己前程一片坦途。

我不是教你壞

不管是個人或國家追求商業上的功成名就，只有同時發展出標準的行為準則：榮譽、勇氣，這才是件好事。

——羅斯福總統

適時冒險是成功的關鍵

創新和冒險是經營者成功的秘訣，運用得當能使
自己受益無限，運用不當或不敢用，只會使自己
故步自封。

美國企業界的經營哲學中，有一則金玉良言說：「如果你不
能戰勝對手，那麼就加入他們其中。」

美國通用汽車公司是世界上首屈一指的汽車生產企業，規模
之龐大是許多汽車同業無法比擬的。

一九八四年，通用汽車售出了八百三十萬輛車，銷售總額達
八百三十九億美元，獲利四十五億美元。

但是，通用公司生產的汽車相當耗油，隨著世界石油危機的
加劇，汽油價格不斷上漲，再加上世界汽車競爭日益激烈，以豪
華型汽車為主的通用公司，因為價格昂貴，在激烈的市場競爭中
連連敗北。

到一九九一年，通用公司負債居然達到三十億美元，直到史
密斯出任通用公司董事長後，才為公司帶來扭轉劣勢的新希望。

史密斯經過仔細斟酌之後，決心及時調整策略。他採取的第
一個動作，就是迅速地「加入到他們中間去」。

經過談判，通用汽車公司與日本豐田公司簽訂協定，在加利
福尼亞的分廠生產二十五萬輛「豐田」設計的轎車，然後以通用

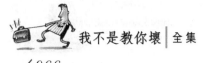
汽車旗下的「雪佛蘭」品牌在美國市場出售,所得利益由雙方均分。

豐田公司見大名鼎鼎的通用公司甘願拜倒自己腳下,自然萬分高興,然而,就在此時,通用汽車公司則暗地裡籌建自己的輕型車製造公司——農神公司。

為了防止自己的傳統市場與「農神」未來的市場被日本汽車搶佔,通用汽車在「農神」正式上市之前便進行了試銷。

他們抓住時機,投資幾十億美元,籌建農神公司,當時他們採用了新穎的自動化設備,專門生產輕巧外型,耗油量小的小轎車,品質和價格與日本產品相差無幾,經過幾年努力,通用公司終於又在美國汽車市場中站穩了腳步。

通用公司充分利用了這暫時合作的策略,為自己贏得了時間,更贏得了市場。

所以,做生意和寫小說基本很相似,有好的構思是一篇小說成功的關鍵,做生意則要有好的策略,才能使自己的生意只賺不賠。

創新和冒險是經營者成功的秘訣,運用得當能使自己受益無限,運用不當或不敢用,只會使自己故步自封,無所發展,甚至被人吞併。

我不是教你壞

許多先聖先哲教我們做人做事必須誠實,但一般來說,誠實不如欺騙能夠圖利。
　　　　　　　　　　　　　　　　　　　——柏拉圖

用自信爭取你應得的權利

知道自己的價值在那裡，你就可以堅持自己的
「交易價格」，只要你有信心保證品質，你就絕
對有權利爭取屬於自己應得的價值。

尼采曾經說過：「我研究偉人，結果卻發現，過河拆橋是所
有偉人都必須學會的一項心機工程。」

世間到處充滿著虛假和欺詐，裝出慈悲和善的臉孔，正是熟
諳厚黑權術的人的拿手好戲，為了達成目的，他們經常以最美麗
的外表、最動人的言詞欺騙別人。因此，不管做人或做事，都必
須要有為自己爭得權利的堅定信心和行動。

波姬絲是一家電視台的新聞主播，在這家電視台做了五年多，
她的新聞節目被評為當地的第一流節目，可是五年下來，卻沒有
獲得應有的報酬。

三年前，當她與電視台重簽合約、談判時，電視台經理向她
暗示，續簽合約是在照顧她，她應該感到幸運。

然而，她很清楚地聽出了經理話中的弦外之音：「妳隨時都
可能被取代，不應該咄咄逼人。」

當她要求修改合約時，電視台經理大發雷霆，但是，她強烈
地相信自己的價值，所以不願讓步。

這段時間，新聞部主任經常把她叫到辦公室裡，對她的工作大聲指責，每次訓斥結束後，都會說：「把這個合約簽了吧！」

四個月過去了，波姬絲仍然毫不動搖，最後，電視台經理無計可施，不得不同意波姬絲提出的要求。

然而，就在她簽訂合約之前，她把合約拿去徵詢一位律師的意見，律師建議她最好在措辭上做幾處小小的改動，但當她回到電台，告知他們此事時，他們暴跳如雷，對著她咆哮著說，他們的忍耐力已經到了極點。

即使這樣，波姬絲也絲毫不讓步。

最終，電視台只好根據雙方都能接受的意見，對合約的措辭上進行修改，簽訂了一項為期三年的合約。

對於這件事的過程，波姬絲說說：「如今，他們知道我是一個什麼樣的人，我說到做到，和我在一塊兒工作過的人都對我說，我應該要求比我真正想要的更多。不過，我不會那樣，我要求他們給我提供必要的條件，而不想奢求其他錦上添花的條件，我只要求我應得的。」

知道自己的價值在那裡，你就可以堅持自己的「交易價格」，只要你有信心保證品質，你就絕對有權利爭取屬於自己應得的價值，就像波姬絲一樣。

我不是教你壞

真相往往是一顆難以下嚥的苦藥，但是，無論如何，我們不能讓幻想像野草似地繼續生長。
　　　　　　　　　　　　　　　　　　——茨威格

冷靜是處理危機的第一步

當你還在後悔、還在怨嘆、還在喃喃自語「早知道……」的同時，別人可能已經在評估事情的嚴重性，並且完成了初步的分析。

危機不一定致命的打擊，端看你如何用智慧去處理。

遇上同樣的事件，處理方式不同，結果也就會不同。

一九八八年，美國阿波羅航空公司一架波音七三七客機從檀香山起飛後不久，便發生爆炸意外。儘管機長採取斷然措施，緊急迫降，機上還是有一名空服小姐被強大的爆炸威力拋出機外，不幸身亡。

這起事故對飛機製造商波音公司造成巨大的壓力，不只同行趁機發難，連航空公司也將矛頭指向波音公司，要求他們承擔賠償責任，波音公司名譽因而大損。

然而，波音公司並沒有因此而慌了手腳，他們馬上成立緊急應變小組收拾善後，並著手調查事故發生的原因。

調查結果發現，這家飛機雖然是波音公司出品，卻已經飛行了二十年，起飛降落超過九萬次，遠遠大於飛機的安全係數，最後由於金屬疲勞引發爆炸，才發生了這件不幸的意外。

事後，波音公司展開了盛大的宣傳活動，設法令民眾了解事

故發生的眞相，並引用數據再三強調公司飛機的品質與信譽。

　　經過鍥而不捨的努力，到了次年，訂購波音飛機的客戶非但沒有減少，反而增加了近一倍之多。

　　遇到危機，當你還在後悔、還在怨嘆、還在喃喃自語「早知道……」的同時，別人可能已經在評估事情的嚴重性，並且完成了初步的分析。

　　而當你手忙腳亂、四處搬救兵的時候，別人可能已經掌握了事情的脈絡，積極思索著因應對策。

　　等到你好不容易終於理出個頭緒，準備好要去面對時，別人早已圓滿處理完畢，連檢討大會都已經進行到一半了呢！

　　有沒有想過，自己爲什麼總是慢別人一步？

　　因爲，當你還束手無策時，別人的腦袋已經冷靜下來，並且搶先踏出了一步。

　　要記住，「冷靜」是所有危機處理的第一步！

我不是教你壞

中文的「危機」一詞，由兩個字構成──一個字表示危險，另一個字表示機會。
　　　　　　　　　　　　──美國總統甘迺迪

不要被私慾薰昏了頭

做人做事不要有太多的刻意強求，因為任何刻意
的強求，都會有一些必然的犧牲，而那些犧牲的
反作用力隨時都會傷及自己。

　　身為領導者，如果只為了鑽營自己的利益，而不顧眾人的想
法，就會弄得天怒人怨，使部屬紛紛背叛。

　　清朝末年，革命黨人在各地起義，要推翻封建王朝的專制統
治，建立民主共和國，清政府為了獲得苟延殘喘的機會，便想到
了重新起用袁世凱。

　　之前，由於袁世凱兵權太大，權傾朝野，滿清統治者認為這
樣會危及自己的統治基礎，便把袁世凱罷官，讓他解甲歸田。

　　當袁世凱收到通知，一方面告稱自己腳疾加重，不方便行走，
拖延入京覲見的日子，另一面又派人秘密聯絡手握重兵的門生，
要他們按兵不動，任革命黨人的勢力自由發展，不要加以阻攔。

　　而後，他又上書說這種局面自己難以解決，需要更多的軍隊
與權力才能剿平亂黨，藉此刁難清政府。清朝統治者早被四處湧
竄的革命軍搞得焦頭爛額，好不容易找到救兵，也只能對他的要
求言聽計從。

　　袁世凱這才從老家出發，先上京城接受官職，而後直赴前線，
命令幾個親信率領軍隊嚴陣以待，自己則對革命黨人威逼利誘，

並許下種種諾言，說自己可以說服清朝皇帝退位，實現民主體制。

革命黨人起義的目的無非就是要推翻專制統治，如今見手握軍政大權的袁世凱願意協助，自然喜出望外，便答應如果他能讓清朝皇帝退位，實行民主制度，那麼中華民國的大總統就讓他來做。

與革命軍達成協定的袁世凱內心一陣竊喜，急忙回京逼迫末代皇帝溥儀讓出帝位，事後革命黨人也履行諾言，把總統之位拱手送給了袁世凱。

問題是，當上總統的袁世凱掌握了權力，並不因此而滿足，爲了當上皇帝，他慫惥屬下擁立，結果弄得天怒人怨，許多部下紛紛背叛，他也只做了六十三天的皇帝便遭到革命軍討伐，走到了窮途末路。

當袁世凱滿腦子皇帝夢，只看得見權力與慾望時，必然看不見漸漸近身的危險，更看不見即將遠去的機運。

這說明了做人做事不要有太多的刻意強求，因爲任何刻意的強求，都會有一些必然的犧牲，而那些犧牲的反作用力隨時都會傷及自己。

凡事知足，適可而止，不要讓私慾佔滿，否則再多的機會也會成爲一陣雲煙，風一吹便要消失。

我不是教你壞

依據道德原則選擇「對」與「錯」，是相當容易的事。但是現實狀況常要求我們在既不是全「對」，也不是全「錯」的兩者之間做抉擇。　　——普勒斯頓·湯利

避免碰壁，才能出人頭地

調整擇業期望值並不是要你放棄原有的夢想，而是讓你用自我調整的辦法，來逐步追尋夢想。

當一個畢業生踏出校園，或是一個上班族想要跳槽，根據自身條件和工作需求，確定了自己的目標之後，如何把握自己的擇業期望值，往往成爲預定目標能否實現的重大關鍵。

所謂的擇業期望值，就是指一個人希望選擇的職業對自己在物質、精神上的需求滿足程度。例如，薪資收入和福利待遇如何，工作環境和條件怎樣，自己的興趣、能力、專長或抱負是否能得到適當的施展……等等。

一個人選擇職業的目標能否實現，除了個人才能、機遇等條件之外，主要決定於自己的擇業期望值高低。一般說來，每個人都希望獲得一分更能滿足自己物質生活和精神生活所需要的工作。

但是，要使這種需求變成可能，往往受到自身條件和客觀因素的制約，如果不能好好把握它，就可能會走向錯誤的方向。因此，把握擇業的期望值，從觀念上看來，應小心防止和克服下列幾種錯誤傾向：

一、圖虛榮的想法。

由於虛榮心作怪，有些人在選擇職業時，不考慮自己的專長，一心只想找一分讓人羨慕的工作，結果當然是會因與現實不符而失敗，就算僥倖被錄用了，也會讓自己的才能無法得到施展。

二、圖享受的想法。

對一般人而言，最具誘惑力的是優越的待遇與條件，但這也是最容易使人掉入擇業失敗區的原因之一。有的人只重視金錢多寡，在乎的是眼前的利益，不管這項工作是否有前瞻性或發展性，認為只要錢多，做什麼都行。

這種只圖一時實惠和享受的想法，不僅不可取，也不實際，因此難免會碰壁。

三、圖安逸的想法。

害怕辛苦，不願從事繁重的工作，也是導致一些人出現擇業偏差的重要原因之一。俗話說得好：「有幾分耕耘，便有幾分收穫」，人生猶如一個競技場，不想付出辛苦的代價，便無法在職場出人頭地。

除了上述幾點應該小心防範的不正確觀念外，把握自己擇業的期望值，從方法上還應注意下兩點：

一、防止偏離自己的擇業目標。

擇業目標的確定要從自身的特點和社會的需要考慮，確定自己的擇業期望也應如此。如果偏離自己的興趣、專業特長和實際能力去選擇工作，那你不僅會失去自己的優勢，也會偏離自己的擇業目標。

二、不要把期望值訂得過高。

因為，期望值過高很容易使自己陷入兩種困境：一種是由於

超乎現實，讓你在擇業時屢遭失敗；另一種是雖然僥倖獲得，也會因自身能力不足，而無法勝任工作，而處於被動狀態。

如果你發現自己的擇業期望值真的發生偏差或過高時，那就有必要稍稍調整一下。其實，調整擇業期望值並不是要你放棄原有的夢想，而是讓你用自我調整的辦法，來逐步追尋夢想。

應該確定一個總的期望值，再將它期望值分階段實施。

在實行過程中，如果發現自己所選擇的階段期望過高，就把它移作下一階段的期望目標。自我調整，就是自己對職業的希望，分成幾個不同層次，首先滿足主要的需求，然後根據實際情況依次進行必要的調整，直到個人意願與社會需求二者相吻合為止。

我不是教你壞

結盟已成為人際關係的新潮流，那些只忙著在自己四周築起高牆的人，很快就會被願意攜手合作以創造更有建設性環境的對手超越。
　　　　　　　　　　　　　　　　──史丹‧拉普

自作聰明，小心惹禍上身

人可以沒有大智慧，
但是絕對不要亂耍小聰明，
否則就會步上楊修的後塵，
為自己招來禍害，死得不明不白。

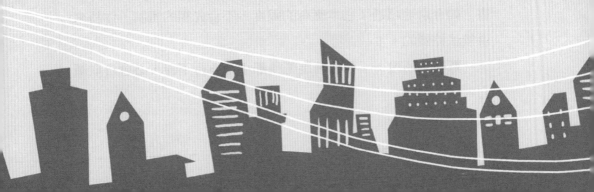

要讓私心變得名正言順

> 愚者只顧一己的私心,不管別人的需求和觀感,
> 終究只是井底之蛙的格局,過度膨脹就會把自己
> 的肚皮撐破。

　　歷史上許多事例都證明了愚者與愚者的差別。愚者只顧自己的私心,最終引起眾人的反感而一敗塗地,但是,智者不僅知道自己的私心,也瞭解別人的私心,懂得為眾人謀求利益,所以成就傲人功業。

　　春秋時代,鄭國君主鄭莊公和他的弟弟共叔段都是姜氏的兒子。由於姜氏生鄭莊公時差點難產致死,因此對於鄭莊公相當厭惡,一點也不關愛這個兒子,只疼愛小兒子共叔段,還幾度企圖密謀要讓鄭武公廢掉鄭莊公,改立共叔段為太子。

　　為了共叔段,姜氏千方百計向鄭武公討了京地,讓共叔段成起了「京城太叔」。

　　大臣祭仲對鄭莊公說:「都城超過了百里,將會是國家的禍害,如今京地超過了它本應有的限度,不合先祖的體制,你將來會無法控制的。」

　　鄭莊公便說:「你等著瞧吧!那小子多行不義,必會自取滅亡。」

後來，「京城太叔」共叔段，開始在京地周遭劃出屬於自己的地域。

鄭國大夫公子日對鄭莊公說：「假如您打算把鄭國送給共叔段，那我就侍奉他；您如果不甘心讓位於他，那麼請您讓我除掉他！」

鄭莊公淡淡地說：「用不著除掉他，他會自己惹禍上身的。」

只見企圖心日益壯大的共叔段，把原來劃出的地域正式收為自己所有。

大臣於封便警告鄭莊公：「土地廣大會得民心。」

鄭莊公卻仍然堅持：「共叔段多行不義，不能籠絡民心，會因此而垮台的。」

共叔段繼續修葺城牆，製造武器步車，計劃與姜氏裡應外合，襲擊鄭莊公。

鄭莊公聽到共叔段發動突襲的消息，連說：「太好了！」

於是，命令大隊人馬伐京，而京地的人民也背叛共叔段，紛紛臨陣倒戈，讓共叔段不得不倉皇逃走。

共叔段與姜氏二人目光短淺，只注意自己的小利，因而自取滅亡；鄭莊公則因胸懷大志，等待時機成熟，以正義之師出兵討伐，所以能一舉得勝，獲得人民愛戴。

所謂「人無私心，天誅地滅」，一般人為了滿足自己的需要，或者是實現自己的理想願望，有時候難免會有私心或做出傷害他人的事。

但是，這樣的私心也有智愚的區別，可說是成敗的關鍵。

愚者只顧一己的私心，不管別人的需求和觀感，終究只是井

底之蛙的格局，過度膨脹就會把自己的肚皮撐破。

　　唯有智者知道必須把自己的私心和眾人的利益結合，讓私心變得名正言順。當眾人的需求得到滿足後，自然自己也會得益，開創出一片全新的遠景。

我不是教你壞

設法讓別人的鐮刀，心甘情願地割在你的麥穗上，是成功者必須具備的條件之一。　　　　　　　——賀拉斯

自作聰明，小心惹禍上身

人可以沒有大智慧，但是絕對不要亂耍小聰明，
否則就會步上楊修的後塵，為自己招來禍害，死
得不明不白。

在現實社會中，我們常常可以看到，有些人明明有才有識，
但是他們越表現自己，大家就越要孤立他們，有機會的時候，還
會設法扯扯後腿，這是因為他們不懂得應有的處世哲學，只不過
自作聰明的大傻瓜。

現代社會，除了金光黨之外，故意裝瘋賣傻的人少了很多，
可是自作聰明的人卻仍然處處可見。這些自作聰明的人真的聰明
嗎？恐怕不見得吧！

東漢末年到三國鼎立這段期間，是一個人才輩出，彼此鬥智
鬥力、比奸比詐的混亂時代，在亂世之秋，名列建安七子的楊修
是曹操陣營裡的主簿，以思維敏捷、才華過人著稱。

有一回，曹操率領大軍在漢中迎戰劉備，雙方在漢水一帶對
峙很久時，曹操由於長時間屯兵，已經到了進退兩難的處境。

有一天夜裡，大將夏侯惇入到主帥帳內請示夜間崗哨號令，
曹操此時見晚餐中有根雞肋，有感而發，隨口說道：「雞肋！雞
肋！」於是，夏侯惇便把「雞肋」當作號令傳了出去。

　　行軍主簿楊修聽到後，隨即叫士兵們收拾行裝，準備撤軍事宜，夏侯惇感到奇怪，就把楊修叫到帳內詢問詳情。楊修解釋道：「雞肋雞肋，棄之可惜，食之無味。如今的局勢是進不能勝，退恐人笑，屯駐在此處又有何益？不久丞相必定會下令班師。」

　　夏侯惇聽了之後非常佩服，營中各位將士便都打點起行李。

　　但是，當曹操得知這種情況之後，不禁勃然大怒，最後便以楊修造謠惑眾、擾亂軍心的罪名，把他處斬。

　　楊修的確猜中了曹操的心思，但是肆無忌憚耍弄小聰明的結果，卻為自己惹來殺身之禍。試想，在兩軍對陣的非常時刻，曹操怎麼容得下楊修代他發號軍令？

　　人可以沒有大智慧，但是絕對不要亂耍小聰明，否則就會步上楊修的後塵，為自己招來禍害，死得不明不白。

　　當然，這並不是教你當個裝瘋賣傻的小丑，而是強調該聰明的時候要放聰明一點，不應該聰明的時候就要「沉默是金」。

　　裝瘋賣傻只是愚人的伎倆，或是在危急狀況下不得已而採用的手段，平時何必糟蹋自己去做這種事？

　　只是，有些事心裡知道就好，千萬不要為了顯示自己很聰明而說出來。

我不是教你壞

理性的人會做出對他最適合或最有用的選擇。依照他的知識與能力，依照他既有的喜愛與偏好，做出最好的選擇。

　　　　　　　　　　——大衛‧赫希萊弗

隨時捉住市場的需求

平時多用心設想各種可能發生的狀況，當變故發
生之時才不會手忙腳亂，犯下致命的錯誤而付出
慘痛的代價。

很多人習慣把聰明和變通掛在嘴上，但是絲毫不知所謂的聰
明，不是智力測驗所得到的成績，而是對事物的感受能力和理解
能力；所謂的變通也不是毫無遠見的求新求變，而是看清事物本
質所做的各種努力。

在現實社會中，唯有隨時捉緊社會需求，隨時扣緊生活脈動，
才能不擔心跌倒，更能在跌倒前緊捉生命的新契機，看見生命更
精采的一面。

日本阿托搬家公司的創始人寺田千代的丈夫原來是駕駛卡車
的司機，然而中東戰火導致石油危機發生之後，運輸行業開始衰
落，他也面臨了失業的命運。

有一天，寺田千代偶然在報紙上看到，有些家庭每年都要爲
搬家而支出大筆費用，這則消息給了她全新的靈感，鼓勵丈夫自
行創業。

寺田千代和丈夫計劃成立了搬家公司之後，爲了讓業務增加，
首先想到了如何運用電話簿的功用。

因為，一般人想要尋找搬家，都會從電話號碼簿上查找搬家公司的電話號碼，而她也發現，日本的電話簿是按行業分類，同一行業再按日語字母排序。

因此，寺田千代巧妙地把自己的新公司命名為「阿托搬家中心」，這使得它在同行業的電話簿排列中排行首位，在顧客選擇搬家公司時佔有更高機率，接著她又選了一個既醒目又好記的電話號碼。

公司正式開張後，她開始為搬家技術進行了一系列的革新。

在大多是高樓公寓的日本，她設計了搬家專用的箱子和吊車，同時向顧客提供與搬家有關的服務配套，包括代辦清掃消毒、申請換裝電話、子女轉學及解決廢棄物等三百多項瑣碎事務。

此外，寺田千代還打破了「行李未到，家人先到」的搬家常規，將既無奈和煩人的搬家，變成了終生難忘的旅行。

她向歐洲最大的車廠巴爾國際公司，訂做了一台命名為「廿一世紀之夢」的搬家專用車。這種車前半部分成上下兩層，下層是駕駛室和置物空間，上層是可以容納六個人的豪華客廳，裡面有舒適的沙發，嬰兒專用的搖籃，還裝有電視機、組合音響、電冰箱、電視遊戲器……等設施。

當這個新型搬家車在電視廣告中一曝光後，預約搬家的客戶立刻蜂擁而至，使得客源方面無後顧之憂。

阿托搬家公司自創辦以來，營業額年年增長，現在年營業額已達上百億日元，發展至今，分公司已遍及全國近四十個城市，甚至有美國和東南亞地區的企業前來購買它的搬家技術專利。

寺田千代後來也被評為全日本最活躍的女企業家之一。

　　這個例子說明了，不管從事什麼行業，都難免面臨景氣的榮枯循環，在景氣好的時候要設法力爭上游、精益求精，在景氣陷入低迷的時候則必須懂得變通，才會遇上峰迴路轉的契機。

　　所以，經營者應該不斷就市場需求和消費習慣的變化，調整產品結構和經營戰略，並不斷地適應市場需要，才能使自己立於不敗之地。

　　走在人生的旅途上，應對進退的道理也是相同的，平時就必須多用心設想各種可能發生的狀況，如此一來，當變故發生之時才不會手忙腳亂，犯下致命的錯誤而付出慘痛的代價。

我不是教你壞

　　我們追求的目標是，不只要比競爭者做得更好，還要把品質提升到煥然一新的境界，改變競爭情勢。

——傑克‧威爾許

在不可能的地方挖出寶藏

只要你有先見之明和過人的膽量,詳細分析利害
關係後,使用正確的方法,即使是荒涼的沙漠,
也會有繁花盛開的榮景。

　　精明的商人在販售商品之前,首先要做的事情是先改變消費
者的想法,然後在不可能的地方發掘出自己想要的寶藏。因為一
旦改變了消費者的想法,他們對商品的需求也會從此產生。

　　過去,美國的泰麥克斯手錶遠近馳名,在市場上幾乎每出售
三只手錶,其中就有一只是泰麥克斯品牌手錶。

　　當許多人都以為非洲市場人民貧困、購買力低下而不願涉足
的時候,泰麥克斯的推銷員卻獨具慧眼,決心在那裡開闢手錶領
地。

　　為了開疆拓土,首先,泰麥克斯製造一種價格低廉的手錶,
運用了一招堪稱出奇制勝的推銷方式。

　　所謂的「出奇制勝」,是指「拷打試驗」,根據當時的媒體
報導:「泰麥克斯的推銷方式,簡直就像馬戲團吸引觀眾一樣。」

　　泰麥克斯派出的推銷員在造訪零售店之時,經常把錶猛地摔
在牆上,或把它浸入水中,證明防震及防水性能,此外,泰麥克
斯手錶也因廣告片的「拷打試驗」,在國外享有盛名。

　　廣告中，泰麥克斯把手錶拴在飛奔的馬尾上，從一百三十五英呎的高處投入水中，或把它綁在衝浪板上，或是水陸兩棲飛機的後面，經過種種折磨之後，人們可以看到，指針仍然繼續走動。

　　這種獨特的廣告宣傳和促銷方式，走到哪裡都大獲成功，公司就在這樣獨特的宣傳攻勢下攻佔非洲市場，到了一九六二年的十二月，泰麥克斯公司終於在非洲市場，賣出了第一只一萬美元的手錶。

　　以目前高度競爭的商業發展社會來看，想要創造消費者新的需求，就如同要挖掘金礦一樣，必須選擇新的市場或新的經營方式，才能讓企業異軍突起，並且持續保持領先的地位。

　　別人不願涉足的事業和有過失敗經驗的市場，並不見得就不能創造奇蹟，只要你有先見之明和過人的膽量，詳細分析利害關係後，使用正確的方法，即使是荒涼的沙漠，也會有繁花盛開的榮景。

我不是教你壞

比競爭者更優秀的經營知識與技術，這種優勢是不長久的。但是，有比競爭者更優秀的認識、信念與態度，卻可保有長長久久的競爭力。
　　　　　　　　　　　　　　——威廉‧道菲奈

不要為了虛名而忘了自己的目的

「外寬」是為了把自己的事業做得更好，而不是為了虛有的稱譽，如果為了虛名而忘了目的，只會讓自己看不清真相，迷昏了頭腦。

身為一個領導者，在建立組織架構時，除了要能識人，懂得選拔合適的人才外，還要考慮如何用人，讓合適的人才發揮最大的能力。

領導者用人策略最好是要「外寬內合，用人以信」，對外親近寬容，對內則是強調組織的團結合作。

舉例而言，在三國尚未鼎足而立的後漢戰亂時代，袁紹曾經獨霸一方，軍事實力相當雄厚，最後造成失敗的原因採用「外寬內忌」的領導模式。

「外寬」的確能結合外在的力量，爭取更多的資源，不過對於自己部屬，他又過於嚴厲的猜忌與蔑視，終於使他民心大失。

袁紹當時是河北的大軍閥，割據一方，憑藉強大的軍事實力，在討伐董卓之時便躍居聯軍首領，因為他有招才容賢的名聲，手下人才濟濟，其中有一位便是頗有學識的知名謀士田豐。

當劉備兵敗時，袁紹以「不失大義」之名將他收入旗下，當劉備另有所圖而以個人利益出發，提出意見勸袁紹討伐曹操時，袁紹也不假思索地點頭同意，然而就在此時，卻面臨田豐的挺身

反對。

　　田豐認為：「曹操的軍隊士氣方銳，未可輕敵，否則，恐怕出師不利。」

　　袁紹聽到這番勸諫，不但沒有冷靜思考大局，衡量敵我實力，反而認為田豐懷疑自己的決定，在出兵之際還用這種助長敵人威風的話渙散軍心，一時勃然大怒，立即傳令要將田豐處斬。

　　所幸，在諸位大臣一再求情之下，袁紹才改而將他囚禁獄中。

　　後來，袁紹果然在官渡戰役大敗，回營之後將怒氣轉移到田豐身上，怪他出言不遜，出兵之前觸自己楣頭，於是賜他死罪。

　　袁紹收容猶如喪家之犬的劉備，對他言聽計從，外人看來雖然是雍容大度，但只是虛榮心作祟，想博得美名罷了。錯把「外寬」當成目的，而不是手段的運用，對部屬提出的建議不加以思索便斷然否決，終於使他伐曹大敗，從此離心離德。

　　「外寬」是為了「內和」，為了把自己的事業做得更好，而不是為了虛有的稱譽，如果為了虛名而忘了目的，只會讓自己看不清真相，迷昏了頭腦；「內忌」則會使自己漸漸地失去人心，造成忠誠的部屬漸漸遠離自己。

　　再完善的組織也經不起這樣的挫折，就像袁紹把田豐等忠心部屬的勇於進諫當成別有用心，終於導致自己的滅亡。

我不是教你壞

領導者最高明的統御辦法就是：帶領部屬去完成一個永遠都不可能實現的夢想。
　　　　　　　　　　　　　　　　　　——巴爾札克

別輕忽生活中的每一個細節

只要你能多用一份心在生活中的每個地方，你就
不會錯過或遺忘生活裡任何與你相關的人事物，
做起事來，相對也會事半功倍。

很多人都會抱怨自己人際關係不好，或是不懂得做事的要領，
以致做起事來曠日廢時，還頻頻遭到別人批評。

其實，這都是不用心所造成的結果。

威廉‧麥金利是美國第二十四位總統，在待人處事方面，很
有一套辦法。

比如說，麥金利的握手動作，就非常令人印象深刻，為了避
免右手在接見賓客和民眾時過度受到勞損，他發明了一種後來被
稱作「麥金利式」的握手法。

當他走在迎賓隊伍前，會微笑並緊握對方的手，沒等對方用
力握住他的手，他便熱情地緊緊一捏，然後用右手將這個人的手
肘迅速地往前拉，在這同時，他也已經扮好對下一個來賓的微笑。

如此一來，他一次便與兩個人同時都打了招呼。

此外，麥金利的記憶力之好，更是廣為人知，許多民眾對他
評價甚高。

　　有一回，他在安提坦戰場，等著為紀念碑舉行揭幕儀式時，忽然對著台下一位身穿藍衣服的老兵喊：「喂，好伙伴，上個月我在匹茲堡演講時看到你也在人群中，那確定是你沒錯吧？」

　　這位老兵完全沒想到，麥金利總統竟然會和他這個平凡的老兵打招呼，而且只是在眾人集會時看過一眼便記住了自己的長相。只見這位老兵又驚又喜，高興地回答：「是的，您還認得我啊！」

　　這就是麥金利總統成功的地方，也許好的記憶力不是人人都能具備，但是，只要能用心地待人接物，就會為自己的誠懇加分。

　　只要你能多用一份心在生活中的每個地方，你就不會錯過或遺忘生活裡任何與你相關的人事物，做起事來，相對也會事半功倍。

　　所以，別輕忽生活中的每一個大小細節，因為，細節就是邁向成功的階梯，你必須通過每個細節才能步步高升。

我不是教你壞

如果擔心與害怕的情緒一直籠罩著你的舊腦袋，那麼你就會總是把事情往壞處猜，而不往好處想。

──史賓塞・強森

領導者要有放手一搏的氣魄

身為一個領導者，應該讓部屬有良好的環境得以
發揮才能，萬一遇到困境時，更應該「用人不
疑」，堅持自己的判斷。

春秋五霸之一的秦穆公，曾留下一段用人不疑的歷史佳話。

秦穆公登上歷史舞台之時，正值秦晉爭霸的關鍵時刻，晉國
國君驟然病逝，秦穆公想要藉這個機會強行越過晉國，消滅晉國
的鄰國鄭國。

於是，秦穆公派孟明視、西乞術、白乙丙三位大將率軍出征，
不料這個消息卻被晉軍截獲，於是晉軍趁機狙擊，反而讓秦軍全
軍覆沒，三位大將們成為戰俘。

晉國為了趁機羞辱秦國，並沒有殺這三位大將，而是故意將
他們放回秦國，請秦穆公自行處理。

秦國舉朝上下皆為此事感到羞憤不已，三位主將也恨不得以
死謝罪，但秦穆公卻身穿縞素，親自到郊外去迎接他們，並為戰
死的將士痛哭流涕，之後又向全國發佈了引咎自責的《秦誓》。

他說：「孟明視等人都是傑出的將領，因為寡人做了錯誤的
判斷，才導致如此巨大的慘敗，但勝敗乃兵家常事，我想將軍們
一定會振作起來，為國雪恥。」

這個動作果然奏效，孟明視等三位將領從此勤奮練兵，耐心

地等待復仇的時機到來，好一雪恥辱。

誰知道，一年之後，孟明視等率領軍隊討伐晉國，卻依然慘敗，這種情況下，大臣們都認為，不能再繼續任用這三個酒囊飯袋了。

然而，秦穆公卻不顧眾人反對，仍然讓他們位列將相，並幫助他們整頓軍政，這也讓孟明視等將領更加忠誠，誓言一定要報答秦穆公的知遇之恩，實現《秦誓》所言，為國雪恥。

歷經三年的厲兵秣馬，孟明視三人再度率軍伐晉，這一戰秦軍勢如破竹，晉軍大敗潰逃，終於一雪國恥。

從秦穆公這個例子中，我們可以得知，身為一個領導者，除了應該有寬廣的胸懷，還要有高瞻遠矚的用人眼光，讓部屬有良好的環境得以發揮才能，萬一遇到困境時，更應該有「用人不疑」的氣度，堅持自己的判斷，與部屬同甘共苦。

這樣一來，才能讓部屬產生「士為知己者死」的情緒，激發出必勝的決心和潛力，使工作得以順利推展。

我不是教你壞

真正成功的人，就是能藉助別人失敗的經驗，來讓自己學會更聰明地獲得成功。
　　　　　　　　　　　　　　　　　　　——蘇格拉底

小心成為被封殺的對象

一旦你攻擊他人的痛處，修養好的人雖不至於當場發作，但心中的疙瘩和怨恨往往難以抹平，你就會變成被「封殺」的對象。

　　一個人若想和上司、同事間建立良好的人際關係，一定要記住：保持適當距離，做事公私分明，尤其要注意不要踩到別人的痛處。

　　被擊中痛處，對任何人來說都是件不愉快的事。因此，不管在什麼情況下，千萬都不要去碰觸別人的痛處，這點不但是待人處事應有的禮儀，更是在職場叢林中左右逢源的關鍵。

　　有修養的人即使在盛怒之下，也不會擴散憤怒的波紋，但是涵養不夠的人，被激怒了，往往就會面露兇貌、口出惡言，甚至隨手拿起手邊的東西往地上摔。

　　某些沒有修養的人暴跳如雷的時候，還會口不擇言，用侮辱性的語言攻擊別人最敏感的隱私。

　　一旦你攻擊他人的痛處，修養好的人雖不至於當場發作，與你破口對罵，但心中的疙瘩和怨恨往往難以抹平，如果不幸他是你的上司或客戶的話，你就會變成被「封殺」的對象。

　　在公司裡，「封殺」意味著調職、冷凍、開除。

　　如果你是公司負責人，那麼，所謂的「封殺」就代表著對方

拒絕繼續與你往來，或是「凍結關係」。

　　中國古代有所謂「逆鱗」的說法，強調即使面對再溫馴的蛟龍，也不可掉以輕心，肆意地欺弄牠。

　　傳說中，龍的咽喉下方約一尺的部位，長著幾片「逆鱗」，全身只有這個部位是逆向生長的，萬一不小心觸摸到這些逆鱗，必定會被暴怒的龍吞噬。

　　至於其他部位任，不論你如何撫摸或敲打都沒關係，只有這幾片逆鱗，無論如何也觸摸不得，即使輕輕摸一下也犯了大忌。

　　其實，每個人身上也都有幾片「逆鱗」存在，即使是人格高尚偉大的人也不例外，只是彼此的位置不一樣罷了。

　　惟有小心觀察，不觸及對方的「逆鱗」，也就是我們所說的「痛處」，才能保持圓融的人際關係。

我不是教你壞

無形的東西：信心和態度，才是成功的決定性因素，因此，你必須先學會控制這些東西。　——赫伯·凱萊爾

PART 5

有才華，也要懂得生存的方法

才華橫溢的人容易有恃才傲物、好高騖遠，
如果你自認是個才華洋溢的人，
就必須更加熟悉職場的生存法則，
以免自己落得悲慘的結局。

腳踏雙船最安全

如果你同時與兩位上司共事，而這兩位上司之間情若冰炭，勢同水火，你就不得不考慮「腳踏兩條船」的技術性問題。

許多歷史上和現代社會中的名人，在功成名就之前，都曾幹過過河拆橋、投機取巧的小人勾當。如果你不知道壞人如何使壞，不知道「壞人」的心中到底懷著什麼「鬼胎」，那麼又如何能知己知彼，進而跟「壞人」周旋到底呢？

想要在既現實又複雜的職場叢林活下去，有時候要學會「腳踏兩條船」的本領。

說到「腳踏兩隻船」，很多人會皺著眉頭說，這豈不是騎牆派的做法嗎？跟用情不專的人有什麼兩樣？

其實，這是一種很大的誤解。

第一，職場不是情場，上司也不是你的愛人；腳踏兩條船只是適當地分散風險，而且在實際工作領域中，這是經常碰到的事。

第二，所謂的「腳踏兩條船」是指在晉升之途是窮凶極惡的，絕對不要逼自己一直走在鋼絲上，否則可能遭到不測。

法國的奧塞多維亞先生是世界上聲名赫赫的走鋼絲的專家，但是最後卻從橫跨兩座山之間的鋼絲上摔下，跌落山谷而亡。

奧塞多維亞曾於一九九七年走過固定在長江三峽兩岸的一根

鋼絲，也走過無數次世界著名高樓大廈上的鋼絲，可是他最終還是粉身碎骨了。

在人生旅途中，千萬不要學奧塞多維亞那樣，為了要展現藝高膽大，而一直將自己置於高度危險的環境。

我們不能死心塌地跟定一個上司。因為，在很多時候，上司之間的關係極為微妙，或者變幻莫測。

如果你同時與兩位上司共事，而這兩位上司之間情若冰炭，勢同水火，你就不得不考慮「腳踏兩條船」的技術性問題。

如果你不這樣未雨綢繆，而是選擇跟定其中某一人，一旦有什麼閃失，那麼另外一位就會藉機將箭頭瞄準你，置你於「死」地，而你效忠的對象則有可能將你當成「擋箭牌」，任憑你白白犧牲。

但是，想要腳踏兩隻船必須踏得巧、踏得妙，否則極容易落水溺斃。

你不能赤裸裸地表明這樣的態度——你們兩個之間的事，我根本就不想捲入，哪個我都不想得罪。

擺明這種態度的話，他們兩個可能都不會對你有好感。

他們或許會認為你表面這樣說，實際上是和另一方暗中「勾結」，或許認為你就像寓言故事裡的蝙蝠一樣，是個騎牆觀望的投機傢伙。

結果，你就真變成了寓言裡的可憐的蝙蝠，兩邊都不要你，兩邊都不理睬你，有什麼機會或好處也輪不到你。

明智的辦法應該是，要儘量協調他們之間的矛盾，至少不要在他們中間搧風點火，擴大事態。

而且要經常和他們溝通，表示自己夾在中間處境十分為難。

如果甲上司叫你去做某事，你明知乙上司會反對，那麼你就應該主動跟乙上司談談，告訴他這是甲上司的意思，與他研究應該怎麼辦，有沒有不妥之處。

在這種情況下，乙上司就很容易理解你的苦衷，即使你照甲上司的意思去做了，他也不會因此而忌恨你。

如果乙上司堅決不同意甲上司的意見和做法，那麼，他也不會把這個問題推給你，他會直接找甲上司交涉。

你只有這樣「乖巧」一點，才不至於成為雙方權力鬥爭的犧牲品，才有可能左右逢源，為自己鋪起一條金光大道。

我不是教你壞

如果你不是偷保險箱裡的錢時被當場捉住，或是公開毀謗老闆，那麼，你可以在許多公司裡找到謀生的工作。

——加里‧莫哈爾

接近深具潛力的上司

與其刻意巴結討好現在正春風得意、紅得發紫的
上司，倒不如退而求其次，用心去接近具備創大
業、做大事潛力的上司。

　　想要讓自己在升遷的道路走得平穩順暢，最基本的原則還要
眼睛放亮點，細心觀察你目前的上司有沒有必備的領袖性格或領
導人特質，能夠使他從激烈的人事競爭中殺出層層重圍。

　　所謂「路遙知馬力，日久見人心」，強調的就是患難時期最
容易見眞情，貧賤之交最難以讓人忘懷。

　　這層道理也可以運用在選擇追隨哪位上司。

　　如果你還年輕，有足夠的等待時間，那麼，就要懂得逆勢操
作的奧妙，與其刻意巴結討好現在正春風得意、紅得發紫的上司，
倒不如退而求其次，用心去接近現在並不走紅，甚至有些抑鬱不
得志，但是具備創大業、做大事潛力的上司。

　　這是因爲，他現在地位不高，向上晉升的態勢還不明顯，沒
有眾星拱月的優越感，願意與他接近的人並不多。

　　如果此時你誠心誠意追隨他，他就會對你產生感激之情，產
生知遇的好感，知道你並不是那種追腥逐臭、趨炎附勢的泛泛之
輩。

　　如果有一天他的運勢否極泰來，突然飛黃騰達了，你就極有

可能是他安排人事佈局時第一個考慮到的人。

屆時，你無須多費唇舌，更無須汲汲營營鑽逢，很快就會吉星高照，獲得上司提拔重用，還會跟他在以後的共事中更加親密無間。

儘管，此時他必然終日被那些忙著交心、獻媚的下屬和同僚纏得脫不了身，但是，你仍然可以「不戰而屈人之兵」，靠著先前的運籌帷幄而「決勝千里之外」，戰勝那些臨時「抱佛腳」的人。

當然，那些急功近利、趨炎附勢、過於市儈的人，眼光不會看得那麼長遠，也很難做到這一點。

正因為如此，你更必須具備高瞻遠矚的做人做事智慧，讓自己站得高一些，看得遠一些，那麼，成就也會超越別人。

我不是教你壞

假話是社會生活中不可缺少的，因為，把自己的一切都暴露無疑的人，人際關係勢必置於險境。——宮城音彌

設法讓同事對你又敬又畏

唯有讓你周遭的同事對你又敬又畏，你才能順利
指揮他們，把他們當成向上躍升的跳板。

有一部電影裡頭有一段靠著露出「絕活」而樹威的情節。

一位長相清秀的年輕女警官到一個人才濟濟的警察局擔任督察，男警員們見了她，都面露鄙夷不屑的表情，而且有意無意地在言行之間吃她「豆腐」。

這位女警官初到陌生的警局，面對這些喜歡「揩油」的小人只能忍氣吞聲，不過，她很快就利用機會扳回劣勢。在一次射擊訓練中，她掌握契機展露精準的槍法，把那些男性同事們都給「鎮」了。

射擊訓練中，每個人依序各擊十個飄浮氣球，男性警官中成績最好的一位才擊中五個，有的甚至一槍未中。

輪到這位女警官射擊時，她泰然自若地從腰間拔槍，「叭，叭，叭……」連發十槍，槍槍命中，頓時全場鴉雀無聲，只有氣球的碎片在眾人的面前飛舞。

這種景象正是「此時無聲勝有聲」。從此以後，大家都對她敬畏有加，不敢再表現出輕薄造次的行徑。

很多人認為，當一個上班族或領導者只要有修養和內涵，就

可以不注重如何表現自己的才能。

　　也有的人認為，只要踏踏實實地做事，老老實實做好自己的分內工作就夠了。

　　殊不知，這種厚道的想法只會使別人將你看成無能的人。

　　心理學家告訴我們，在很多時候，位居領導地位的人，威信往往是經由「旁門左道」而樹立起來的。

　　一個人初來乍到某個態勢不明的新地方，往往就是樹立自己威信，讓小人服服貼貼的最關鍵時刻。

　　如果你能像故事中的女警官，適時露出幾手自己拿手的絕活，別人對你的觀感和態度就會立即改變，很多難題也會迎刃而解。

　　記住，唯有讓你周遭的同事對你又敬又畏，你才能順利指揮、利用他們，把他們當成向上躍升的跳板。

　　除此之外，做人一定要有一些心機，面對向你低聲下氣的對手，不應該完全相信，而要提防他在你解除心防的那一剎那發動攻擊；千萬不要覺得對方可憐，就留一條退路給他，因為，一旦他強大起來，隨時可能對你不留情面。

我不是教你壞

當人們相信你之後，你說的事實才會成為事實，但如果他們不知道你在說什麼，他們就無法相信你。

——威廉·伯恩巴克

你就是自己的貴人

太多的人，終其一生，埋怨懷才不遇，命運坎坷，卻從來沒想到，唯一能夠栽培自己、提拔自己的，不是別人，正是自己。

　　性格決定命運，這句話用在日本礦業大王右河市兵衛身上，真是再貼切不過了。

　　原本，他只是一家民營公司裡的一名小職員，靠著自己的聰穎和努力，很快爬升到了經理的位置。

　　可惜好景不常，受到全球金融風暴的影響，物價狂跌，商品滯銷，右河市兵衛任職的公司遭受了倒閉的厄運，負債累累。

　　豈知，他竟然做出驚人的舉動，二話不說，捐出自己所有的財產，替公司償還一部分的債務。

　　幾年後，右河市兵衛發現一處廢銅礦，萌生了經營礦產的念頭，當他向銀行籌措資金時，銀行董事長聽說了他從前替公司還債的義舉，主動做他的保證人，貸給他一億元作為資金。

　　然而，這座廢銅礦早已被其他公司遺棄，開掘了數個月一無所獲，周圍的人開始嘲笑他，甚至說些風涼話。

　　但是，他絲毫不為所動，眼看著資金一天天消耗，銅礦卻連一點點影子都看不見，仍抱著「不成功，便成仁」的決心，咬緊牙關，一路堅持下去。

兩年過去了，正當銀行提供的資金快要變成赤字時，銅礦終於挖掘出來了，他也由一個無名小卒一躍而成礦山大王，多年來的奮鬥總算開花結果。

右河市兵衛的成功或許充滿幸運成分，因為他有幸遇見了貴人，所以才有機會完成了別人認為不可能的事。

然而，他之所以能夠遇到貴人，是因為他也曾經伸出援手，做了別人的貴人。

凡事有因必有果，今天你能夠有什麼收穫，完全在於先前種下了多少因。

太多的人終其一生，埋怨自己懷才不遇，苦行不得其志，之所以命運坎坷，皆因幸運之神從來沒有眷顧過他，卻從來沒想到，唯一能夠栽培自己、提拔自己的，不是別人，正是自己。

其實，一個人能夠修成正果，全靠自己平時燒香拜佛；在資訊快速傳播的時代，哪匹千里馬跑得快，人人都看得到，不一定非要遇上伯樂不可。

我不是教你壞

下定決心去做你應該做的事；矢志不渝地做好你決意要做的事。

——富蘭克林《自傳》

控制情緒，才不會傷害自己

很多人擁有不錯的學歷和職位，可是無法獲得同
事的信賴和尊重，由於他們無法管理情緒，結果
既傷害了自己，又得罪了他人。

約翰在一家大型科技公司當了四年的人事經理，擁有人人稱
羨的收入。

大家都認為他工作順利、婚姻幸福，然而，只有他知道自己
的職場生涯其實充滿危機，隨時可能捲鋪蓋走路，因為在公司裡
他並不受歡迎，同事們對他敬而遠之，不願支援和信任他。

約翰的人際關係之所會如此的差，正是因為他的 EQ 不好，
不善於控制自己的情緒，喜怒無常的結果，自然讓人覺得他是個
很難相處的傢伙，同事們只好設法躲著他，以免踩到地雷。

其實，職場上很多人都像約翰一樣，擁有不錯的學歷和職位，
可是無法獲得同事的信賴和尊重，由於他們無法管理、控制自己
的情緒，造成的結果是既傷害了自己，又得罪了他人。

這樣的人不允許別人對他們有一點批評，只要有一點不如意，
就會將氣發在別人身上，自然大家對他就會敬而遠之。

如果你也像約翰一樣，動不動就向別人發脾氣，雖然事後常
常後悔，但總是控制不了自己的惡劣情緒，應該如何改進呢？

一、要時時告訴自己：每個人的情緒都會時好時壞，學會控

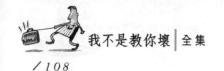

制情緒是讓自己成功和快樂的要訣。

　　二、如果覺得自己的情緒惡劣，應該立刻設法找出讓自己生氣的原因，並且尋求補償的方法。

　　三、當自己想要發怒的時候，要先問問自己：誰得罪了我？怎樣得罪的？我一定要這麼生氣嗎？

　　四、找個地方好好發洩自己的怒氣。要知道，大多數的憤怒都是來自長期的壓抑，只要在下班時間，找個空曠的地發洩自己的怒氣，那麼，你在辦公室發飆的頻率就會大幅降低。

　　想要控制好自己的情緒，在工作場合當個受人歡迎的人，應該常常告訴自己照著以上的四個步驟改進。

我不是教你壞

當資本主義的運轉開始像賭博俱樂部的輪盤時，無形之中就會改變許多人的命運。
　　　　　　　　　　　　　　　　　　——凱恩斯

踩著同事的肩膀往上爬

你能不能踏著同事的肩膀順利往上爬，全看你是
否平常就牢牢掌握了同事的心，這會影響到他們
願不願意在關鍵時刻支援你。

科學家牛頓曾經說：「如果我比笛卡爾看得遠，那是因為我
站在巨人的肩膀上的緣故。」相同的，在一家公司或一個團體裡
工作，想要順利獲得晉升，你也必須站在同事的肩膀上。

首先要瞭解自己目前所處的地位，還要處理好上司、部屬與
同事這三者之間的人際關係，並想辦法牢牢掌握部屬和上司的心。
最重要的是，你一定要摸清楚同事們的工作狀況和生活情形，瞭
解他們的興趣和願望，和他們保持和諧的關係，才能借力使力，
讓自己順著這條渠道，比他們更快獲得升遷。

一般而言，同事是指和自己職位相等的人，比普通只是在一
起工作的人還要親密的工作夥伴。在公司部門裡，特別是在晉升
機會較少的部門，每當有職位出缺，就有許多競爭者為了晉升而
勾心鬥角，擠得頭破血流，從來不會靜下心來思考如何利用同事，
幫助自己達成夢想。

在職場工作，維持生活開銷和獲得成功的感覺，是上班族最
終，也是最大的目的。因此，在不違背自己價值觀念、不使用權
謀詐術的原則下，只要你能牢牢掌握同事的心，想要達成自己的

目的，絕非困難之事。

如果你平時就能對同事表現這種寬大的胸懷，設法去瞭解他們的心思，盡力幫助他們達成目標，那麼，這些同事就會變成你最佳的墊腳石，升遷的時機一到，你就能捷足先登，踩著他們的肩膀往上往上跳，比其他人爬得更高更快。

在等待升遷的時候，為了要讓這種可能性更加篤定，平常你就必須讓周遭的同事公認你有資格成為他們的新上司。再說，要讓他們日後心甘情願為你效勞，也必須使他們對你的為人處事心服口服才行。

一般而言，人事單位在考慮是否由你晉升之前，會先徵詢其他同事的意見：「你們認為他適當嗎？」

同事們所表達的意見，或許不會直接左右人事單位的決定，但還是會被列入人事審核的重要參酌資料。

假使人事單位所得到的答案是：「要我在他手下做事，門都沒有！」那麼，即使你最後還是晉升了，將來也無法順利地管理你的部屬。

你能不能踏著同事的肩膀順利往上爬，全看你是否平常就牢牢掌握了同事的心，這會影響到他們願不願意在關鍵時刻支援你，至少不要扯你的後腿。因此，想要出人頭地的上班族，平常就要努力做好同事之間的人際關係，千萬不可疏忽。

我不是教你壞

我們可以知道一個簡單的道理，那些膽敢在貓的耳朵產子的老鼠，一定詭計多端的鼠輩。　　——約‧海伍德

為自己選擇一個最好的跳板

就像古時候封建貴族們擁有自己領地和城池一
樣，你也應該為自己好好地挑選一個有利的戰鬥
位置，才能據此「攻城掠地」。

　　如果你擁有比別人更加出色的才幹，常常協助別人解決難題，
而且在公司擁有和諧的人際關係，你就掌握了許多可供使用的籌
碼，一旦你需要幫助的時候，隨時都可以轉換成助力。

　　只要你不輕易浪費籌碼，久而久之，這些籌碼就會累積成一
大筆無形的財產，為自己鋪設一條平步青雲的晉升之路。

　　當你擁有了別人所欠缺的助力，接著就可以根據自己的專長，
擬定日後的升遷目標，想辦法讓自己躋身最有利的位置。

　　你不妨思索：「在公司裡，最有利的職位是什麼？最不利的
職位又是什麼？我要朝哪個方向前進，才能快速躋身權力中樞？」

　　你必須先確認自己擁有什麼樣的專長與希望獲得哪個重要的
職位，然後把這個職位當成自己的跳板。

　　就像古時候封建貴族們擁有自己領地和城池一樣，你也應該
為自己好好地挑選一個有利的戰鬥位置，才能據此「攻城掠地」。

　　也許你會問：「難道別人就不會運用手腕嗎？」

　　不錯，很多人都同樣處心積慮地在圖謀籌劃自己的未來，想
要爬到最有利的地位，握有最大的實權。

但是，你不必擔心也不用介意，因為，整天漫無目的地過日子，毫無奮鬥目標的仍然大有人在。

有些人外表像老虎般威武勇猛，似乎行事相當敏捷、果斷，實際上卻是唯唯諾諾的好好先生，軟弱得近於羔羊。

這樣的競爭對手根本不堪一擊。

有的人雖然頭腦聰明，足以成為你競爭上的勁敵，但是，這些人往往恃才傲物，缺乏耐心、毅力。這樣的人根本也成不了氣候，你只要能善用做人做事的巧妙手腕，成功最後必然屬於你。

我不是教你壞

有許多真話，需要有人去講，可是始終沒人敢講；有許多真相，需要有人去揭露，卻始終沒人敢去揭露。

——塞繆爾·巴特勒

別帶著有色眼鏡看人性

人性其實很簡單，你付出什麼，就會得到什麼。
將「人性」複雜化，或貼上負面標籤，只會讓你
得出負面的分析結果。

有許多身居高位的大人物，會細心記住一些小職員或只見過一兩次面的下屬的名字，在電梯或門口碰到時，從容叫出他們的名字。如果你也肯下這樣的功夫，一定會讓下屬受寵若驚。

人非草木，孰能無情。大部分人都講究人情味，喜歡「將心比心」，因此，你想要別人怎樣對待你自己，你自己就得先怎樣對待別人。這也就是「同理心」或「易位思考」，即設身處地為別人著想。

在經營自己的辦公室人際網路時，千萬要記得只有先付出誠摯的真情，才會獲得投桃報李的回應。

日本著名的企業家松下幸之助就是一個相當注重感情投資的人。他曾說過：「最失敗的領導人，就是那種員工一看到你，就像魚一樣逃開的領導。」

在創業早期，松下幸之助每次看見辛勤工作的員工，都會親身送上一杯自己泡的茶，並充滿感激地對他說：「太感謝你了，你太辛苦了，請喝杯茶水吧！」

正因為在這些小事方面，松下幸之助都不忘記表達對下屬的

感激和關懷，因而獲得了員工們一致擁戴，每個人都心甘情願地為他效力，設身處地為他著想。

人性其實很簡單，你付出什麼，就會得到什麼。將「人性」複雜化，或貼上負面標籤，或者戴著有色的眼鏡去看「人性」，只會讓你得出負面的分析結果，替自己的工作和生活帶來一些不良影響。

不管現今的社會如何現實，有時候，誠懇親切地對待同事或下屬，仍然可以輕而易舉地解決你長期以來都感到棘手的問題。

譬如，你以命令的語氣要員工去做某件分外的事情，他或許會找各種理由推託，或者婉轉地要你找別人做，甚至「大義凜然」地以這不是自己分內工作而拒絕，讓你當場難堪不已。但是，如果你誠懇地說一聲：「請你幫個忙，好嗎？」問題就有可能迎刃而解。

誠懇親切的態度會傳達出人類與生俱來的，或許是潛意識裡面的認同感。那是一種彼此珍視的共鳴，或者說是對「人性」——人不同於其他物種的一種呼喚。

我不是教你壞

求職的時候，面對老闆，你必須去刺激他、說服他，你要吹噓一番，不然，你就沒機會了，相信我。

——吉伯特

有才華，也要懂得生存的方法

才華橫溢的人容易有恃才傲物、好高騖遠，如果
你自認是個才華洋溢的人，就必須更加熟悉職場
的生存法則，以免自己落得悲慘的結局。

在職場中我們常常會發現，才華洋溢的人往往不是成功者，
而許多能力平庸的人卻在升遷過程如魚得水。

這是因為，才華橫溢的人往往是自負的，也經常在無意中表
現出恃才傲物的姿態，無法與周圍環境的人事物進行良好互動，
與團隊格格不入，自然受到其他人排擠，很難有所表現。

此外，他們並非什麼都懂，還是會有不足之處，對於自己無
法掌握的事，往往除了歎息就是無奈。

至於，那些才智平平的人卻知道自己不足之處，懂得如何待
人處事，懂得如何把握升遷的機遇，懂得如何把有限的才智用在
最該用的地方，反倒可以在工作場合中平步青雲。

才華橫溢的人容易有恃才傲物、好高騖遠、不願意老待在一
個地方……等毛病，做事時也往往忽略別人的感受。

正因如此，著名的日本松下電器公司的用人理念是只用具有
七十％能力的人，而不用業界最優秀的人。

因為，這些人做事認真，而且友善、謙虛，對上司和同事更
具親和力。

所以，如果你自認是個才華洋溢的人，就必須更加熟悉職場的生存法則，以免自己落得悲慘的結局。

首先，要懂得與其他同事合作。

在職場上，才華只是成功的諸多要素之一，你的才華必須先融於團隊之中，與其他人的才華相互配合，形成一加一大於二的合力效應，這樣團隊才能成功，你也才可以彰顯個人的成就。

想要在現實生活中生存，要先試著去適應自己身處的環境，然後在展現自己才華的過程中，努力創造一個更加適合自己的新環境。

我不是教你壞

對一個人來說，如果想要知道自己該向哪裡進攻，在哪裡據守，往哪裡撤退，別急著研究自己，必須先了解你的競爭對手。

——戴維·斯托特

越狡猾，越能成爲大贏家

一提起耍花招，人們也會自然想到商場老手，

因為只有他們最為老謀深算，耍出來的花招五彩繽紛，

叫人眼花撩亂，捉摸不定，

對手就在不知不覺中落入圈套。

用對方的荒謬說法駁斥對方

人與人交涉之時，若是對方提出不合理的要求時，就要誘導對方陷入自相矛盾的狀況，使他走上一條自我否定的道路。

一九一七年的某一天，俄國詩人馬雅可夫斯基上街買生活用具的途中，聽到一個女人中傷布爾什維克（前蘇聯共產黨前身）：「布爾什維克是土匪，是強盜，他們殺人，放火，搶女人……」

馬雅可夫斯基聽了火冒三丈，於是大聲喊道：「抓住她，她昨天偷了我的錢！」

「你說什麼呀？」女人極力爭辯：「你搞錯了吧？」

「沒錯。」馬雅可夫斯基對圍觀的人群一本正經的說：「就是這個女人，偷了我二十五盧布。」

人們都對這個被指為竊賊的女人怒目相視，還有人對她吐口水。後來，人群漸漸散去，那女人淚流滿面的對馬雅可夫斯基說：「上帝可以作證，你瞧瞧我吧，我可是頭一次看見你呀！」

馬雅可夫斯基認真的道：「可不是嗎？太太，妳才頭一回看見布爾什維克，怎麼就大罵起布爾什維克來了？我勸妳回家後，好好的想想剛才妳說過的話吧。」

馬雅可夫斯基擊倒那個以惡毒語言中傷布爾什維克的女人，

用的是「請君入甕」的歸謬法。

　　他先以女人「布爾什維克是土匪」的論點為前提，然後讓她自己否認「她昨天把我的錢袋偷走」這個論點，她的理由是「我可是頭一次看見你」，如果她是小偷的話，則今天應該是第二次見面才對，所以她不是小偷。

　　同樣的，她「頭一次見到布爾什維克」，又怎能說「布爾什維克是土匪」呢？有什麼根據呢？馬雅可夫斯基把她的論點推演到非常明顯的荒謬結論，證明她說話的虛假性。

　　又如一個大學生考上研究所後，拋棄妻子，在新的生活圈子裡找戀人。面對同學們的批評，他狡辯說：「身分地位變了嘛，對從前的伴侶失去了感覺，所以為什麼不可以再尋找真正的愛情？」

　　一個同學針對他的論點「身分地位變了」提出反駁，說道：「如果一個人的身分地位變了，和從前的伴侶沒有了共同語言，從而也就失去了愛情的話，那麼，倘若你從碩士升到博士、副教授、教授的時候，不知該談多少次戀愛，尋找多少回『真正的愛情』了。」

　　還有一個更有趣的荒謬故事，也是運用這種原理。

　　從前一個吝嗇的地主叫家裡的長工去買酒，卻不給錢。

　　長工問：「老爺，沒有錢怎麼能買到酒呢？」

　　「花錢買酒誰不會？不用花錢錢就能買到酒，才算有本事呢！」臉厚心黑的地主詭辯地說道。

　　於是，長工拿著空瓶去一位以機智聞名的書生那裡訴苦。書

生見他哭得可憐，認為這個地主小氣得太過荒唐，就給他出了個主意。

於是，長工笑嘻嘻地拿著空瓶回去，對地主說：「老爺，酒買來了，請老爺好好喝上兩盅吧！」

地主見仍是空瓶，裡頭根本沒有酒，便大發脾氣。

長工氣定神閒，笑著說：「酒瓶裡有酒誰不會喝？要是能從空瓶裡喝出酒來，那才叫有本事呢！」

書生教長工用歸謬法制伏了地主：如果他認為「從空瓶裡喝出酒來」是荒謬的，那麼也就否定了自己「沒錢能買到酒」的荒謬說法。

人與人交涉之時，若是對方提出不合理的要求時，就要誘導對方陷入自相矛盾的狀況，使他走上一條自我否定的道路。

怎樣才能讓對方在誘導下，慢慢兒走上自我否定的道路呢？這就得在改變對方荒唐論斷的表達形式時，既讓他感到推論不合情理，又不能先讓對方察覺到是自己原本的觀點，才能讓他說出反對自己的話來。

我不是教你壞

最艱難的競爭往往不是來自睿智、謹慎的競爭對手，而是來自不顧成本的經營者，這樣的人最後不是躲債落跑，就是宣告破產。
　　　　　　　　　　　　　　　　——約翰·洛克斐勒

面對強詞奪理，要懂得反唇相譏

日常交際中，常會碰到一些心術不正，喜歡惡意
諷刺、挖苦別人的人。為了維護自己的尊嚴，同
時也給對方一個教訓，應該抓住他的謬誤要害，
反過來進行反諷。

有種隱含假設式的誘問，是引人上鉤非常高明的手法。

一天，少年華盛頓家中丟了一匹馬，有人指證說是被附近的
鄰居偷走了，於是，他請一位警官陪著去索討。但是，鄰居不肯
歸還，聲稱那是自家的馬。

小華盛頓於是上前用雙手蒙住馬的眼睛，然後問偷馬的鄰居：
「如果這馬是你的，請告訴我，馬的哪隻眼睛是瞎的？」

鄰居想了一下，猜測說：「右眼。」

小華盛頓放開右手，馬的右眼明亮有神，顯然沒有瞎。

「我說錯了，馬的左眼才是瞎的。」鄰居急忙改口辯解。

小華盛頓又放開左手，結果馬的左眼也是雪亮的。

這時，警官嚴厲的宣判道：「這樣一來，已經證明馬不是你
的，你必須立刻把馬還給華盛頓先生。」

小華盛頓採用的隱含假設式誘問，問話中帶有圈套，才能出
奇制勝，讓鄰居措手不及。這種隱含假設式誘問，也常運用到談

判或辯論當中，聰明的談判者和辯論者都會以此來戳穿對方的謊言。

另外，在論辯中，只要揭露對方依據是虛假的，那就如同蝕根倒樹一般，對手的論點很容易就會被推翻。

如果對方無理取鬧、強詞奪理，你也不可示弱，適當地運用一下也未嘗不可。

使用這種方法時，要承接對方的講話內容，以其中的語句做反擊，順序推倒對方的論點。

法國細菌學家巴斯德前往巴黎參加學術會議，旅館接待員安排他住在一個陰暗潮溼的小房間裡，因為他的衣著看起來不名門貴族，像老百姓一樣普通，行李箱又舊又簡單，因而被認定是個窮酸老頭。

巴斯德受此待遇很生氣。

後來，那個接待員得知他是個名揚四海的大教授時，笑容可掬地向他道歉說：「我以為人的外表和他的聲名是成正比的，所以，我把您弄錯了，實在對不起……」

「不，我認為一個人外表和無知才是成正比的。」巴斯德不等他說完，立即反譏一句，羞得接待員面紅耳赤、無地自容。

巴斯德教授機智的反唇相譏，無疑是用深刻的語言，點出對方以貌取人的勢利。

反唇相譏多是為了批評自己看不慣的現象，諷刺和挖苦醜惡的行為。

在一輛電車上，一位老太太上車後，發現車上已經沒有空位，只好站著忍受顛簸之苦。此時，有位先生從座位上站起來，客氣地讓座，這位老太太泰然坐下之後，竟然吭都沒吭一聲。

鄰座一位先生對老太太不禮貌的行爲很不滿，轉身問那位老太太：「老太太，您剛才說什麼呀？」

老太太覺得奇怪，莫名其妙地回答：「先生，我什麼話也沒說呀！」

那位先生立即致歉，說道：「喔？眞是對不起，我還以爲是您向這位讓座的先生說『謝謝』呢！」

話音一落，哄笑聲差點把車廂震破。老太太這才知道自己的無禮，感到很不好意思。

人們在日常交際中，常會碰到一些心術不正，喜歡惡意諷刺、挖苦別人的人。

爲了維護自己的尊嚴，同時也給對方一個教訓，應該抓住他的謬誤要害，反過來進行反諷，以下就是一個很好的例子。

童話作家安徒生的一生極爲勤儉樸實，喜愛戴一頂破舊的帽子在街上閒逛。某天，一個路人嘲笑他道：「你腦袋上的那個是什麼東西，能算是頂帽子嗎？」

安徒生聽了後，毫不猶豫，狠狠回敬了一句：「你的帽子底下那個是什麼東西？能算是個腦袋嗎？」

死纏爛打也是求勝的方法

當彼此的交涉過程陷入僵局之時，厚著臉皮死纏
爛打的交涉模式，有時會發揮不可小覷的功效。

一家設備製造公司準備向某國外廠商銷售一套設備，由負責
該公司出口業務的Y君進行交涉。一套設備價值幾億元，年輕而
資歷又淺的Y君能否擔此重任，公司正拭目以待呢。

Y君與對方經過幾番談判，漸漸觸及到價格的問題，公司和Y
君都對這一套設備寄予賣好價的厚望。可是，就在此時，對方認
為Y君的報價「至少貴了三成」，意思是報價與對方出價差距太
大，沒有再談的必要。

談到這一步不容易，現在放棄，豈不是太可惜？對方的業務
員再次強調，不降三成就免談，立場很強硬，不留商量的餘地。
然而，設備製造公司覺得降價的幅度不可能這麼大，因此，成交
的信心開始動搖。

Y君反覆思考後，鐵了心想：「要放棄這筆生意可以，但絕
不是現在，目前已到了破釜沉舟的時刻，不如再博一把。」

他於是把自己的意見向上司彙報。上司答覆道：「那你就放
手一搏吧。反正是成是敗只有聽天由命了。」

在對方已經拒絕談判的情況下，Y君還想扭轉乾坤、反敗為

勝，簡直有些不知天高地厚。可是他不這麼想，他認爲反正大不
了給對方一腳踢出門罷了，於是做了心理準備後，硬著頭皮去敲
對方的大門。

當Y君向對方提出可以降價三成時，對方接洽人簡直嚇呆了，
心想已經說過免談了，這小子怎麼又找上門來了？於是道：「這
種價格可不是我能夠決定的，我得向主管請示。」

主管自然也還記得他已表明過不必再談，但一看到Y君的出
現，聽到他提出的價格，也呆愣愣的不知說什麼才好。

Y君堅持道：「我是眞的很想做成這筆生意，現在向貴公司
提出的這個價格，我們的讓步相當大。如果貴公司還不能決定，
我是不會輕易就此離去的。」

這位外國廠商主管爲Y君的決心懾服，雖然離公司的出價還
有些距離，但仍可以從下筆交易中補回，於是召來業務員，準備
起草合約。

事後，晉升爲主管的Y君回憶說：「正因爲對方主管是個城
府很深的人，對交易上的考量不會只著眼於眼前的局部利益，所
以，我的上司才敢派我這個涉世未深，而不知道畏懼的毛頭小子
前往交涉。現在，我在指導部屬之時，也會放手讓他們自己去闖
闖看。」

剛調入該公司內銷部門不久的J君，接到一件客戶抱怨的案
子。對方的採購課長打電話來說，購買的高爐有問題，要求設備
公司派J君與技術人員一同前往處理。

可是，技術人員一直無暇前往，結果對方的採購課長被激怒
了，指責J君說：「你沒有做好妥善安排，是你的不對。」並且

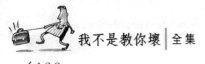
揚言說：「再也不向你們採購了！」

對方是設備製造公司的大客戶，每月都有固定訂單，而設備製造公司本來就訂單不足，競爭公司還在拉他們的客戶，在這種情況下，若再失去這個大客戶，公司就損失太大了。

J君急得如熱鍋上的螞蟻，反覆向對方解釋，交涉卻一直無效，到第二個月訂單果眞停了。J君見事情砸在自己的手裡，便想反敗爲勝，很有耐心的每天都前去拜訪這位強硬的採購課長，站在課長辦公桌前說：「請給我一個機會吧！」一站就是二十分鐘。

見對方一聲不吭，埋首工作，J君就說：「我明天再來好了！」

第二天，J君準時到達，一站又是二十分鐘，課長還是不理不睬。

一個星期過去了，課長終於被J君的誠意感動，於是兩方再度展開生意的往來。

當彼此的交涉過程陷入僵局之時，厚著臉皮死纏爛打的交涉模式，有時確實會發揮不可小覷的功效。譬如，J君就是靠自己的決心、耐心、苦心、誠心，贏得了對方的信任，最後挽回了劣勢。

我不是教你壞

現在的年輕人似乎都沒有什麼遠大的理想。我最希望他們說的是：「我的目標就是把你幹掉，成為公司的董事長。」
——本田宗一郎

越狡猾，越能成為大贏家

一提起耍花招，人們也會自然想到商場老手，因
為只有他們最為老謀深算，耍出來的花招五彩繽
紛，叫人眼花撩亂，捉摸不定，對手就在不知不
覺中落入圈套。

　　山野叢林中，弱肉強食之戰無所不在。與虎狼相比，狐狸處
在弱者地位，卻能生存下來，原因由於牠的足智多謀。

　　競爭激烈的商業社會也是一樣，沒人可憐你，你也不能可憐
他人。競爭是實力和智慧的較勁，必須選擇自己的必勝戰略，制
定對付強手的靈活戰術。

　　戰爭中使用的戰略，主要在你死我活的廝殺中獲勝。談判也
是戰爭，但不是你死我活的殺伐，而是共存共榮的搏鬥。

　　在談判戰爭中，沒有絕對的贏家，也沒有絕對的輸家，因此，
使用的戰略自然與戰爭略有不同。

　　談判的勝敗也與兵家不同，談判過程中，不成交便是失敗，
雙方都是輸家；達成交易即是勝利，而且是雙方的勝利。合作式、
共同解決難題的談判戰略，是彼此尋求成功的途徑，求取雙方都
能得到利益的最佳結局。

　　嚴格的敵對式戰略是堅持各自立場、互相設置障礙、互掐喉
嚨的戰略；這種戰略對雙方都是一種傷害。所謂不敗的高明策略，

就是合作式談判的過程，化解敵意的僵局，雙方達成期待的協定。

談判高手的高明之處，就在於反敗爲勝，制定不敗的策略。

一提起耍花招，人們也會自然想到商場老手，因爲只有他們最爲老謀深算，耍出來的花招五彩繽紛，叫人眼花撩亂，捉摸不定，對手就在不知不覺中落入圈套。

見識一下像狐狸般狡猾的商場老手，應付各種對手的招術，將有助於你的功力。

拉第耶是法國的大企業家，有一回，他專程來到新德里爲一筆推銷飛機的大買賣，找拉爾將軍談判。

他幾次約將軍洽談，都沒能如願。最後，他找到拉爾將軍時，在電話裡卻隻字不提飛機交易的事，而只是說：「我以私人名義專程到新德里拜訪閣下，只要十分鐘，我就滿足了。」

拉爾將軍終於勉強答應了。當秘書引著拉第耶走進將軍辦公室時，板著臉囑咐說：「將軍很忙，請勿佔太多時間！」

拉第耶心想對方表現得麼冷漠，看來十有八、九生意是做不成了。

「您好，拉第耶先生！」將軍一進來，出於禮貌的伸出手，想三言兩語就把客人打發走。

「將軍，您好！」拉第耶表情真摯，坦率的說：「我衷心向您表示謝意，感謝您對敝公司採取如此強硬的態度……」

將軍一時之間被他說得莫名其妙，答不出話來。

「不過，您使我因此得到一個十分幸運的機會，在我生日的這一天，又回到自己的出生地。」

「您出生在印度嗎？」將軍微笑了。

「是的。」拉第耶打開了話匣子：「一九二九年三月四日，我出生在貴國名城加爾各答。當時，我的父親是法國歐爾公司駐印度代表。印度人民是好客的，我們全家得到很好的照顧……」

拉第耶又娓娓的談起了童年生活的回憶：「在三歲生日的時候，鄰居一位印度老太太送我一件可愛的小玩具，我和印度小朋友一起乘坐在大象背上，度過了一生中最美好的一天。」

拉爾將軍深深的被感動了，當即邀請他說：「您能來印度過生日實在太好了，今天我想請您共進午餐，以表示對您的祝賀。」

汽車駛往餐廳的途中，拉第耶打開公事包，取出一張泛黃的照片，恭敬的展示在將軍面前：「將軍，您看這個人是誰？」

「這不是聖雄甘地嗎？」將軍驚訝的說。

拉第耶唱作俱佳地回答：「是呀，您再瞧左邊那個小孩，那就是我。四歲時，我和父母一道回國，在途中十分幸運的和聖雄甘地同乘一艘輪船，這張合照就是那次在船上拍的，父親一直把它當做最珍貴的禮物珍藏著。這回，我還要去拜謁聖雄甘地的陵墓。」

「我非常感謝您對聖雄甘地和印度人民的友好情誼！」將軍聽了這番話十分感動，親切的說。

於是，午餐是在親切融洽的氣氛中進行。當拉第耶告別將軍時，這筆大買賣就已拍案成交了。

拉第耶為贏得會談的時間，以自己生日為名義，讓將軍付出更多的時間來招待他。更重要的是，他善於表演、口若懸河，贏得了將軍的信任，為談成生意達到了關鍵的作用。

用拖延戰術逼對方就範

美商毫無戒備的掏出回程機票，日本職員藉著熱
情的服務，輕易地掌握到美商歸期的情報，於是
在時間上大作文章。

一位帶著許多本分析日本人心理書籍的美國商人，搭乘飛機
前往日本洽談生意。飛機在東京機場著陸後，這位美國商人立即
受到兩位專程前來迎接的日本職員禮數周到的接待，並爲他辦妥
了所有的手續。

日本職員問他：「先生，您會說日語嗎？」

美商搖搖頭：「不會，但我帶了一本字典，希望能學一學。」

日本職員又問：「您是不是已經預定好搭機回美國的時間？
屆時我們可以安排一輛車送您去機場。」

美商覺得日本人相當體貼周到，對這輛接他的總統級豪華房
車讚不絕口，便毫無戒備的掏出回程機票給他們看。

日本職員藉著熱情的服務，輕易地掌握到美商歸期的情報，
於是施展拖延戰術，在時間上大作文章。

日本公司安排美商參觀皇宮、神社……等名勝古蹟，甚至還
招待他參加一個用英語講解「神機」的短訓班，理由是讓他能更
完整的瞭解日本文化。

這樣一來，足足用掉了一週的時間。

　　除了白天遊覽之外，日本公司晚上也沒讓美商有空閒時間，殷勤地舉辦晚宴款待，召來藝妓侍奉，使得美商有些樂不思蜀的感覺。

　　當然，美商並沒忘記談判的重任，可是，只要他一提起公事，日本公司就寬慰他說：「不忙，不忙，時間還多呢！」

　　直到美商在日本的第十二天早上，雙方才得以坐上談判桌展開協商。可是到了下午，卻又安排他去高爾夫球場打球。

　　到了第十三天，雙方才又重新開始談判，然而日方又假借請美商出席盛大歡送會，提前結束談判。

　　到了晚上，美商開始著急了，因為明天是他搭飛機回國的日子，可是在杯觥交錯的宴會中又如何能談論公事呢？

　　終於到了美商回國的這天上午，重新開始的談判才剛觸及實質性的關鍵問題時，接送的轎車在門口響起喇叭，到了前往機場的時候了。

　　談判雙方只好在前往機場途中的轎車裡，商談所有的關鍵條件。當轎車到達機場時，剛好達成協議，並簽署了合約。

　　美商是專程來日本談判的，如果不能達成協議的話，豈不是白跑一趟？同時，自己回去後對公司也無法交代，只好做出較大的讓步，讓日本公司多占了便宜。

　　結果，日本公司不但在這筆交易上獲利甚豐，還節省了一大筆資金。

聰明的開始，完美的結束

並不是按照計劃行事就能穩操勝算。許多計劃進行過程變幻莫測，時常暗藏著突發狀況與意想不到的風險，需要不斷視情況調整原來的戰術。

　　某服裝店生意興隆，營業額大幅上升，但是，卻想盡辦法逃漏稅款，面對國稅局的稽查，絲毫不承認營業額增加。於是，國稅局便派了一個稅務稽查員假扮服飾批發商上門查證。

　　稽查員問：「有筆大生意，你做不做？」

　　「只要是生意上門，哪有不做的道理！您有哪種款式？數量有多少？」老闆笑著回答說。

　　「單排扣西裝，四百套。」

　　老闆眼睛一亮說：「我正想買進一批西裝。報價呢？」

　　稅務員故意說：「每套二千八百元，如果全要，可以打五折。就怕你吃不下這個數量。」

　　「笑話，我全部都要。」

　　「你全要？我可要提醒你，按規矩，貨款必須在兩個月內付清。」稅務員假裝不可置信的說。

　　老闆於是得意的回答：「兩個月我還賣不掉嗎？」

　　「這可是數十萬元的生意喔。」

　　「這根本不算什麼，今年以來，我哪個月不賣個三、四十

萬？」老闆毫不設防的笑著。

「那好，你就先把這幾個月來逃漏的稅額補繳了，我們再來談這筆生意吧。」稅務員立刻接著說，並且亮出證件。

「你……天哪！」

老闆嚇住了，沒想到這個生意人原來竟是稅務稽查員假扮的。

稅務員從老闆嘴裡套出了營業額大幅成長的訊息，終於讓他服服貼貼補繳了逃漏的稅款。

從這則故事我們得知，行事之前應該先設想可能採取的步驟，如討價還價、脅迫、妥協……等技巧性問題，有人稱之為沙盤推演。

《孫子兵法》說：「用兵之道，以計為首。計先定於內，而後兵出境。」著手準備某項計劃時，縱然千頭萬緒，然而，首先仍應該先定出必勝之計——這就是計劃和策略。

在進行了情報蒐集、整理、分析之後，在知己知彼的基礎上，才能制定正確的談判運作方針。

但必須注意的是，並不是按照計劃行事就能穩操勝算。進行過程變幻莫測，時常暗藏著突發狀況與意想不到的風險，需要不斷視情況調整原來的戰術。

可以肯定的是，有備而來與盲目行動，結果是大不相同的。

例如，每個人在工作上都會遇到的一種談判：加薪。交易無論多麼複雜，難度無論多大，需要的是用合理的方法來談判，以及要如何處理才能達到目的。也就是說，預先得訂定一個遊戲計劃。

有效運作的計劃應該是：

一、將自己的想法馬上傳達給公司老闆，讓他對此事情有所

醞釀。

二、自己所採用的談判方法必須能適用各種不同的情況,包括一般性討論和激烈的辯論。

三、有時必須依賴自己的經驗或者專業知識。

四、妥善運用槓桿原理,發揮自己的優勢,使談判勝利。

五、擬定有效對付各種談判的方式。

六、拒絕不是對自己最有利的交易方法,應該接受能達成雙方實際利益的協定。

以上是預設的談判計劃中的條件,在談判開始之後,貫穿整個過程,有以下四個主要步驟:

一、什麼是最需要的?

二、應該從什麼地方開始?

三、什麼時候行動比較合適?

四、怎樣結束談判?

以上這四個步驟,將說明你達成以下四個重要議題上的決定:

一、達成實際的期望值。

二、決定合適的開價起點。

三、設計一個具有迴轉空間、以退為進的讓步模式。

四、設定最終妥協的底限。

這相互關係的四個步驟缺一不可,千萬不要就一個問題選擇聰明的起點,卻不知如何適時結束。如果最初沒有選好立場,那麼在達到期望的整個談判過程中,就會增加許多麻煩。

若是你設計的談判過程被對方誤導,就必須臨時調整,以便自己能在有利的條件下完成交易。

沒事不要亂發牢騷

「心直口快」的人，就好比是三國時期的魏國大
將許褚，脫光衣服上戰場，最後必然身上中滿了
飛箭。

中國自古以來就是一個口舌是非多得出奇的國度。

遠在秦始皇時期，有些讀書人只不過茶餘飯後窮極無聊說點
閒話，秦始皇就勃然大怒，將這些儒生全都活埋了，連這些儒生
所讀的竹簡也全部燒毀了。

繼秦始皇的「焚書坑儒」之後，中國人，尤其是讀書人幾乎
是戰戰兢兢地活了兩千年。即便是藏頭縮尾忍氣吞聲，還是免不
了一不留神被抓住話柄，惹出株連九族之類的滔天大禍。

清代有個知名的學者戴名世，有一天因為在竹林裡看書看得
累了，順口說出既像感歎又像是詩的兩句：「清風不識字，何故
亂翻書。」

其實，他的意思很簡單，只是指自己在竹蔭下看書，惱人的
秋風卻不知趣地不斷把他手中的書翻來吹去。豈料，他卻因此惹
下大禍，被別有居心的小人誣指他有「反清」思想，最後，戴名
世被處極刑、滿門抄斬，而且還波及門生故舊，受到牽連的人眾
多。

又有一個叫呂留良的讀書人，因爲在生前的著述中對於滿清屠殺漢人有不滿言論，他去世幾十年之後，還有人翻出他那些發黃的著作，拿到朝廷裡去邀功請賞。

皇帝看了之後勃然大怒，喝令拿他來問罪。

屬下回答說：「這個人早已去世了。」

但是，皇帝連死人也放過他，於是下令將他「剖棺戮屍」，將呂留良的棺木從墳中挖了出來，再把他的屍骨拖出來鞭屍戮首。不僅如此，他的兒子、孫子和以前的門生……等十族也都遭到殺戮。

在中國文化大革命期間，因爲隨口說了一兩句話而被整死的人也不計其數，由此可知「禍從口出」是如何可怕。

河南南陽有一個叫南菅的小村，村裡有個五十歲左右的老頭。這個老頭的工作是餵生產隊裡的豬隻。

有一次，一頭母豬下了十隻小豬，長得煞是可愛。這個老頭子不知哪根筋不對勁，竟然脫口說道：「哇，長得跟十大元帥一樣！」

那還得了，將十頭豬說成是十大元帥，這不是侮辱國家領導人嗎？

於是，有人大做文章，對老頭大肆批鬥。可憐的老頭渾身長嘴也說不清，不堪折磨之餘，某天夜晚上吊自殺了。

在那個年代，想一死了之也沒有那麼簡單。

老頭人雖然裝進了棺材，可是批鬥的人還不放過，還要開現場批鬥會，還要在棺材上貼上大字報。

封建社會裡的文字獄與中國文化大革命的荒誕情事或許一去
不返，但是活在現代社會，我們還是得要慎防禍從口出。

千萬要記住自古流傳的諺語：「話到嘴邊留半句」、「逢人
只說三分話，不可全交一片心」、「知人知面不知心」、「害人
之心不可有，防人之心不可無」……等等。

那些「知無不言，言無不盡」的人，可能還常常以自己「心
直口快」、「從來不繞彎子」自詡。作為一般人倒也無多大妨害，
但作為領導者卻是個大忌，它足以令你前功盡棄，中箭落馬。

「心直口快」的人，就好比是三國時期的魏國大將許褚，脫
光衣服上戰場，最後必然身上中滿了飛箭。

我不是教你壞

我們眼前所見的是，全球每一個重要市場的大震盪及達
爾文式的競爭淘汰，而失敗的公司或國家是沒有任何的
安慰獎。
　　　　　　　　　　　　　　　　——傑克·威爾許

PART 7

想要反擊對手，就要當個舌戰高手

機智而又針鋒相對、尖酸刻薄的詭辯語言，
就是經過高度淬煉的舌戰語言，
在面對自己不喜歡的對手時，
不妨如法炮製。

對你好的人不一定都是真心的

適度的提防他人，並保持一定的交往距離，反而
能讓我們有更好的人際互動，也更能保護我們自
己，而不至於誤入人們笑裡藏刀的陷阱中。

人與人之間的交往是很奧妙的，充滿了糾葛，也充滿了機巧。
單單以掩飾情緒為例，有人懂得用哭來發洩鬱悶，或博取同情，
有人則懂得用笑來突破別人心防。

鄭袖是楚懷王的夫人，長得漂亮又聰明機智，很得楚王的寵
愛，但好景不長，不久魏王送來了一位美人，很快地便把楚王迷
得團團轉。

鄭袖對此非常傷心，但即將被打入冷宮的她，表面上卻裝得
若無其事，既不向楚王抱怨，反而對新妃嬪熱情對待。

很快地，鄭妃便與新妃結成姐妹，兩個人情同知己，彼此之
間什麼秘密都沒有。

一點心防都沒有的新夫人，常對鄭妃說：「姐姐，非常感激
妳對我這麼好。」

鄭妃則虛情假意地說：「這沒什麼，姐妹共事一個丈夫，本
來就應該不分彼此，再說丈夫身為君王，日理萬機，我們更應該
多加體貼他，如果我們不能把後宮處理和諧，那不是更為夫君增

添麻煩嗎？妹妹，看見妳能讓君王如此快樂，我其實也相當開心，我應該感激妳才對啊！」

新妃聽了這番話，感動地說：「姐姐言重了，妹妹實在擔當不起，還請姐姐多多給予教訓，教導我如何讓丈夫更加快樂！」

鄭妃笑著說：「不必客氣，只要我們和睦相處，我們的丈夫自然就會快樂。」

楚王見這對如花似玉的夫人相處得這麼好，心裡也十分高興，說道：「女人大多憑美貌來博取丈夫歡心，而且各自較勁。但夫人卻不會如此，反而能體貼、體諒我，實在太好了。」

鄭妃聽見道楚王的讚許與信任，知道計謀得逞，便開始進行她的下一步計劃。

有一天，和新妃閒談之時，鄭妃便對她說：「妹妹，大王經常在我面前說妳又漂亮又聰明，只是有一件事，大王似乎對妳的塌鼻子有點意見。」

新妃一聽，著急地問：「那怎麼辦，姐姐？」

鄭妃若無其事地回答說：「這也沒有什麼，以後妳見到大王時，只要把鼻尖輕輕地掩一掩不就行了？」

新妃認為這個辦法很好，從此她見到楚王，便會就把鼻子掩起來。幾次之後，楚王對這個舉動感到奇怪，卻又不好當面質問，便找來鄭妃問話：「為什麼新妃每次見到我時，就把鼻子掩起來呢？」

鄭妃一聽，故意支吾地說：「我……我聽她說，但……」

楚王見她欲言又止，有點動怒，便說：「妳說吧，夫妻之間還有什麼不可以直說的？就算說錯了，我也不會怪妳。」

鄭妃連忙裝出害怕的模樣，低聲道：「她說，您身上有一股

噁心的臭味。」

楚王一聽，生氣地拍了桌面一下，怒斥道：「胡說！我身上哪有什麼異味啊？她居然敢埋怨我？真是豈有此理！」

忽然，楚王大吼一聲：「來人啊，把那個賤人的鼻子割下來。」

可憐的新妃就這麼莫名地毀去了美麗容貌，至死還不知道是好姐妹鄭妃害的。

林肯曾經說過：「假如你要別人全盤接受你的意見，就必須想辦法設法使他相信你是他的忠實朋友。」

鄭妃的虛情假意、口是心非，無疑是現實社會的厚黑通例。

當新妃被最信任的人害死時，相信許多人也清楚地看見，會傷害我們的人，往往是我們最不會去防備的人。

明槍易躲，暗箭難防，適度的提防他人，並保持一定的交往距離，反而能讓我們有更好的人際互動，也更能保護我們自己，而不至於讓自己一再地錯估形勢，一再地誤入人們笑裡藏刀的陷阱中。

有效的分化，會讓敵人自相殘殺

想要瓦解強敵的勢力，最有效的辦法就是挑起他
們的猜忌，讓他們自行分化、自相殘殺。

面對強敵的威脅，只要我們玩弄分化的手段，讓對手起內鬨，使他們無法槍口一致向外，最後的勝利當然是站在我們這邊。

東漢末年，王允與呂布等人合謀誅除董卓，接著便在朝中捕殺董卓餘黨，這也引起了董卓部將的不安，李傕、郭汜立即發動暴亂，很快地便攻下長安，殺死王允，控制了朝政。

然而，李傕與郭汜卻放縱兵士在長安大肆搶掠，導致居民死傷數萬，讓太尉楊彪、司馬朱信雋等元老重臣處心積慮想除掉二人。只是，該如何拆散他們二人，卻是一項大難題。

這天，楊彪與朱信雋計議說：「聽說郭汜的妻子十分會吃醋，現在我們可以散佈謠言，說郭汜與李傕的妻子有染，如此一來，她一定會禁止郭汜與李傕往來，然後我們再暗中派人召曹操入朝勤王，乘二人分裂之時攻打他們。」

果然，當八卦消息傳到郭汜妻子的耳裡，她便處處阻礙郭汜到李傕家。有一次，李傕在家中宴客，見郭汜沒有出現，便派人將飯菜送至郭家，沒想到郭妻居然暗中在菜裡放了毒藥後才端給

郭汜。

當郭汜剛要吃時，他的妻子連忙阻止，說要丟些飯菜給狗吃，沒想到狗才吃了一口，便倒地死亡。從此，郭汜對李傕有了嫌隙。

又過了幾天，李傕又在家設宴請郭汜，巧合的是，郭汜那天回到家後，居然肚子絞痛起來，郭妻更煞有其事地幫他催吐，沒想到一番催吐後，郭汜的肚子居然不疼了，這個巧合更令郭汜從此惱恨李傕。

他心裡想著：「李傕這廝不懷好意，處處想置我於死地，如果我再不先下手，必然會被李傕所害。」

於是，他立即調動自己的軍隊，準備進攻李傕，而李傕在家中聽到郭汜的行動，也立即整兵備戰，最後郭、李聯盟就這麼徹底瓦解了。

治敵的方法人人都有，只是巧妙各有不同，想要瓦解強敵的勢力，最有效的辦法就是挑起他們的猜忌，讓他們自行分化、自相殘殺。聰明的老臣們沒有直接對著主角下手，而是從郭汜的妻子下手，借別人的手來推動分化計謀，自己又能總攬全域，而不必耗費任何精神力氣，自然是妙招了。

再聰明的人也會有盲點和弱點，如何讓對方不自覺地曝露自己的缺點，是許多教戰守則裡一再告訴我們的絕妙方法，只要能靈活運用，在對手之間製造矛盾的缺口，那麼，我們便能為自己創造一個機會的入口。

提出事實讓對手心服口服

要說服對手，特別是遇到強勁的對手時，沒有幾
項無可辯駁的證據，是無法使對方心服口服的。

一九三○年，香港知名的茂隆皮箱行與英國商人威爾斯簽署
了一紙嚴苛的買賣合約：威爾斯訂購皮箱三千隻，價值二十萬元，
但是必須在一個月內按期交貨，逾期則賣方要賠償買方百分之五
十的損失。

茂隆皮箱行日夜趕工之下終於如期交貨，豈知，威爾斯試圖
訛詐賠償金不成，又以皮箱中用了木料為由，提出訴訟──用料
有假，品質不實，要求賠償損失。他自以為有了必勝把握，橫財
就要到手。

茂隆皮箱行老闆不甘蒙受巨大損失，毅然決定聘請當時香港
著名的律師羅文錦，為自己辯護。

在一次法庭辯論中，羅文錦律師從自己口袋裡拿出一只錶問
法官：「請問法官，這是什麼錶？」

「金錶。」法官爽快的回答。

羅律師又問：「請問，這個金錶，除了錶殼是金子做的以外，
其餘的機器零件都是金製的嗎？」

旁聽席上眾人齊答：「不是。」法官也點頭認可。

羅律師於是義正嚴詞說道：「由此可見，茂隆皮箱行一案，根本是原告無理取鬧，存心敲詐。」

羅文錦的力辯，打碎了威爾斯敲詐勒索的夢想。法庭最後判處威爾斯誣告罪，罰款五千元，威爾斯眞是賠了夫人又折兵，偷雞不著蝕把米。

一九八〇年中期，日本新日鐵公司爲上海寶山鋼鐵公司運送一箱資料，清單上標明六份資料。可是，寶山公司拆箱清點時，卻只有五份，於是向新日鐵公司交涉。不可避免的一場談判立即展開。

日方代表堅持說：「我方所提供貴方的資料，裝箱時都經過多次檢查，不可能有漏裝的情形。」

針對日方的辯解，寶鋼代表反駁：「我們開箱時有多人在場，開箱後又經過幾次清點，是在確定資料短缺後才向你們提出的。」

雙方各執己見，哪一方都拿不出有力的證據，證明不是己方的差錯，或證明是對方的問題。

爲了撥開迷霧，揭露日方拙劣的欺騙手段，寶鋼代表在第二輪談判中，首先列舉散失資料的三種可能：一是日方漏裝，二是運送途中散失，三是中方開箱時丟失，答案必在這三種假設之中。

新日鐵代表承認這三種可能後，寶鋼又指出：「如果，資料是在運輸途中散失的，那麼木箱必有破損之處，現在木箱完好無損；另外，若是資料是我方開箱後丟失的，那麼木箱上印製的淨重，就應該大於五份資料的重量，但現在木箱上所印淨重，正好等於現有的五份資料的重量。所以，資料既不是途中散失，也不是我方開箱之後丟失的。」

　　三個可能當中，已經否定了兩個，還有一個可能是什麼呢？
這是明擺著的事實。

　　日方見中方的說法無懈可擊，只得同意發電查詢，最後不得
不承認漏裝了一份。

　　要說服對手，特別是遇到強勁的對手時，沒有幾項無可辯駁
的證據，是無法使對方心服口服的。

　　第一例中，蓄意敲詐的威爾斯，似是而非的把「皮箱」解釋
成「全用皮做的箱子」；而羅文錦律師運用類推法駁回他的詭辯，
假如含有木料的皮箱不是皮箱，那麼不是金製零件的錶就不是金
錶。而事實上，不是金製零件的錶是金錶，所以含有木料的皮箱
仍是皮箱。

　　第二例中，遺失資料一事，開始時只是「公說公有理，婆說
婆有理」，到了第二輪談判時，中方強而有力的論證和推理，駁
倒了日方的理由，無可辯駁的證明了他們的疏失。

我不是教你壞

　　只要比賽是在我們的球場，用我們的規則、用我們的
球、配合我們的水準來進行，我們就會表現得很傑出。

　　　　　　　　　　　　　　　　　　　　——馬汀‧史塔爾

面對狡詐的策略必須速戰速決

不管採用什麼策略來對付故意設障礙的把戲，都
不能任其長時間拖延下去，避免費時太多，投入
人力過高，而弄得騎虎難下。

　　某國欲建造一座貨櫃碼頭，有意委託 A 國一家設計公司代為
設計一套進出港管理的電腦系統。雙方幾經磋商，終於就合約條
款達成了基本共識，只差一步就跨進正式簽訂合約的門檻。

　　這時已近年節，雙方約定年假過後正式簽約，於是A國業務
員便提前返國休假。

　　這位業務員回國後與設計公司相關部門負責人，就價格問題
詳細商討，年假一過，得意洋洋的返回駐地。

　　可是，當他看到對方提出的合約書時，不由得直翻白眼——
合約書上所列條件嚴苛得無法想像，如果就這樣簽下合約的話，
日後設計公司非付違約罰金不可。

　　他不知道為何對方把原來談妥的條款取消，而設置一大堆達
成合約的障礙。但是，他仍不死心，找出一些爭議點後，再次進
行交涉，但對方卻堅持寸步不讓。

　　接下來的幾週，任憑這位業務員說得口乾舌燥，費盡心機，
還是留在原地踏步，毫無進展。

　　業務員心想：「這樣下去，可就沒完沒了。」為了改變情勢，

只好先行回國商議。

　　然而，他一回到自己的國家時，居然傳來了意想不到的驚人消息──貨櫃碼頭的管理電腦系統設計案已被競爭對手搶去，並已簽下合約。

　　令他氣憤的是，對方竟然提出一些不合理的條款，來拖延合約的簽訂時間，一面又與競爭對手接觸，暗中交涉，迅速簽下合約，真是欺人太甚。

　　面對上司的暴跳如雷，這位業務員後悔當時對方承諾要簽約時，沒有乘勝追擊，速戰速決立刻拿下合約。他真是不該提前回國過年的。

　　當然，這是業務員單方面的想法。或許，對方一開始就腳踏兩條船，在競爭者中選擇目標。碰上了這麼一個難纏的對手，他所做的一切，只不過是設法在達成協議的道路上設置障礙，不管提出任何優惠或做出多少讓步，他就是不為所動，誰碰到了都是件苦惱的事。

　　雖然，這位A國業務員碰到的是這麼一種狡詐的策略，確實令人生氣，但如果硬著來，這位「障礙專家」一定會從他裡壓榨出所有可能的讓步，而不給予任何一點回報。

　　所以，如果碰上這樣的對手，必須擬定出速戰速決的策略，當你發現對方確實是個障礙專家，應當立即為談判過程定出期限。你可以直截了當的說，你之所以要定這個期限，是因為覺得對方缺乏誠意。

　　此招的缺點是，對方可能認為你在虛張聲勢，而繼續我行我素。真是這樣的話，你就得有中斷談判的心理準備，向對方說：「事情到了這個地步，我看這筆交易已經沒有任何可能了。但是，

如果您決定什麼時候再談，打個電話給我好了。」

　　但無論如何，你中止談判後，要把恢復談判的主動權留給對方。對方要復談，就得來找你，你在策略上就占了上風；如果沒來找你，你也別難受，沒做成交易，總比做成一筆壞交易要好。不管採用什麼策略來對付這種故意設障礙的把戲，都不能任其長時間拖延下去，避免費時太多，投入人力過高，而弄得騎虎難下。

我不是教你壞

現在，每一項競爭都會變成全球戰爭，輸贏都取決於速度及對改變的反應能力等因素。每個人都要因應要求更高、更激烈的競爭要求。　　——凱·林歐斯特

想要反擊對手，就要當個舌戰高手

機智而又針鋒相對、尖酸刻薄的詭辯語言，就是
經過高度淬煉的舌戰語言，在面對自己不喜歡的
對手時，不妨如法炮製。

俄國諷刺小說家克雷洛夫在提及說話辦事的技巧時，曾經幽默地說過：「語言就像是一把剃刀，最鋒利的剃刀會幫你把臉刮得最乾淨，不過，你必須做到靈活地運用這把剃刀。」

俄國著名的詩人馬雅可夫斯基，是個伶牙俐嘴的舌戰高手，曾經在一次大會上，對形形色色的聽眾發表演講。

演講結束後，台下忽然有人高聲喊著：「您講的那些笑話我聽不懂！」

「莫非您是長頸鹿？」馬雅可夫斯基聽了，故意感歎道：「只有長頸鹿才可能在星期一浸水，到星期六才感覺濕呢！」

一個矮胖子擠到台上嚷道：「我應該提醒您，馬雅可夫斯基先生，從偉大到可笑，只有一步之差。」

「不錯，」馬雅可夫斯基邊說邊用手指著自己和那個人的距離：「沒錯！從偉大到可笑，正是一步之差。」

馬雅可夫斯基接著讀台下遞上來的紙條：「馬雅可夫斯基先生，您今晚賺了多少錢啊？」

他讀完後回答：「這與您有何相干？反正您是分文不給的。」

又一張紙條說：「您的詩太駭人聽聞了，這樣寫詩是會短命的，若是你明天就完蛋的話，您會被遺忘，根本不會成為不朽的人。」

馬雅可夫斯基答：「請您過一千年再來，到那時候我們再談這個問題吧！」

更有一張紙條上寫：「您說，有時應把沾滿塵土的傳統和習性，從自己身上洗掉。那麼，您既然需要洗臉，也就是說，您是骯髒的了。」

他不慌不忙答：「那麼您不洗臉，就以為自己是乾淨的嗎？」

又有人傳來紙條，上頭說：「馬雅可夫斯基，您為什麼在手上戴戒指？這對您來說很不合適。」

他同樣的很快回答：「照您這麼說，我不應該把戒指戴在手上，而應該戴在鼻子上嘍？」

紙條又飛來一張說：「您的詩不能使人沸騰，不能使人燃燒，也不能感染人。」

馬雅可夫斯基答：「當然，我的詩不是大海，不是火爐，也不是鼠疫。」

馬雅可夫斯基機智而又針鋒相對、尖酸刻薄的詭辯語言，就是經過高度淬煉的舌戰語言，在面對自己不喜歡的對手時，不妨如法炮製，狠狠修理對方一番。

重點突破就能坐收成果

談判的目的，是為了尋找雙方的妥協點，以求達成
協議。但若碰到不擅交涉或粗魯的物件，往往會陷
入難以突破的窘境。這時，要想從逆境中走出來，
必須很仔細、有耐心的尋找打開交涉之門的線索。

　　T君進入公司第三年時，上司派他負責一項土地開發計劃，
把東京鐵道沿線某個車站周圍的土地購買下來。

　　這片土地的地主大都是主管階層的上班族，每天早出晚歸，
晚上要七點多鐘才會回到家中。

　　T君於是在七點過後才開始拜訪客戶。只要對方一打開門，
他就上前自我介紹：「我是××公司，想和您談談車站附近那塊
土地的事！」

　　但是，大部分人卻不客氣的回答：「我們對這件事不感興趣，
你可以走了！」

　　T君還來不及說明整個計劃的優點，對方就把大門關上了，
根本無法開始交涉。

　　如果面對的是商場中人，不管感不感興趣，或是能否達成交
易，都會請你到裡邊坐坐，聽聽意見，至少不會把你轟出大門。
可是，面對這些地主，真是毫無辦法。

　　T君覺得不能就此罷休，否則有負重託，於是仍然每天晚上

前去拜訪，卻一次次的被轟出門，無奈至極。

處於窘境中的Ｔ君，最後想到了一個最有效的辦法——找出對這些地主具有影響力的第三者。

這些地主，以往都是農家子弟，因都市發展而搖身一變，成了地主，他們當中存在著昔日村長式的領袖人物。

Ｔ君經過調查還發現，這些地主原來都是出自同一名門望族，如果說動了他們的族長，再由他向地主們說一聲，不愁土地收購不成功。

Ｔ君為確保成功率，不只對族長一人下手，還動員了當地具有威望的所有有力人士，向地主們詳細解釋土地收購計劃的優點。

Ｔ君與這些人商談的過程中，發現有些有力人士，並不是能用金錢收買的，他們非常在意地方上的繁榮。

Ｔ君於是立即改變策略，向有力人士宣稱他的計劃「是為了地方上的經濟繁榮」，並杜撰出一些將會帶來的利益，再附加金錢的收買。

Ｔ君的策略大見成效，在短短的時間內，就完成了土地收購的工作。

談判的目的，是為了尋找雙方的妥協點，以求達成協議，但若碰到不擅交涉或粗魯的物件，往往會陷入難以突破的窘境。這時，要想從逆境中走出來，必須很仔細、有耐心的尋找打開交涉之門的線索。

冷靜分析才能獲得有利契機

對方四處尋求銷售諮詢，就可能透露出時間和市場壓力的訊息。利用這種壓力，對簽訂合約有很大的幫助。

　　某諮詢公司的業務員，接到一位房地產商打來的電話，說希望與他見面，談談關於房地產促銷方面的策劃問題。

　　這個業務員的業績一直不太好，得到這樣的邀約，無疑是個好消息。他在約定時間趕到了房地產公司。但是，接待他的卻不是那位打電話的房地產商，負責人出差談業務去了，公司派了另一位業務經理跟他磋商相關問題。

　　這個業務員強調的是，依諮詢公司的經驗和實力，可以為房地產促銷提供一套人員培訓、產業管理、售屋策劃的全新方案，但必須在確定雙方的合作關係之後，諮詢公司才會下達企劃任務的命令。

　　然而，這位業務經理似乎並沒有急於簽定合約的意願。他表示對諮詢公司的實力雖然有所瞭解，但只是初次洽談，而房地產公司已同時向幾家顧問公司發出邀請，其中還包括一些廣告公司，估計這些公司的實力並不弱，甚至有些公司已預先拿出了促銷計劃的初步方案。

　　這位房地產業務經理，於是從抽屜中拿出一疊方案放在桌上，

建議這位諮詢公司業務員也先拿出一個方案，讓他向公司高層推薦。看來，一開始的談判並不很順利。現在擺在諮詢業務員面前的問題是：答不答應這個要求。

　　他認為，對方的要求有些過分，若是答應，諮詢公司沒有這個先例，若是破例，也不一定能拿到合約，因為這家房地產公司擺明了要讓各個諮詢公司拿方案來競爭。

　　還有一個可能是，他們可以把各個諮詢公司的方案進行篩選，或是稍微改進一下，變成自己的售屋方案，據此完成銷售工作，而把所有諮詢公司都拒在門外。

　　可是，如果不答應這位業務經理的要求，就連競爭的資格也沒有，更不用提合約了。這位業務員回公司後，把自己的疑慮告訴了上司。這位上司是個頗富經驗的業務主管，他反問：「你去的時候，有其他同行在嗎？」

　　業務員說沒有，業務主管於是令業務員思索幾個問題：

　　一、對方為何要請你去他們公司，而不是他們來諮詢公司拜訪？

　　二、對方負責人為什麼躲在幕後，不與諮詢機構人員見面？

　　三、對方業務經理接待你有何含意，是否也面臨壓力？

　　四、有些廣告公司尚未對房地產公司調查前，輕率交出企劃案是否草率了點？

　　五、對方在售屋時間和市場上有多大壓力，能否利用他們的壓力？

　　六、我們是否能找到對方負責人當面陳述意見？

　　這位業務員經過思索分析，得出的結論是：

　　一、對方請我去是想試探我們的態度，便於他們內部聯絡、

請示和意見溝通；邀去的相關公司至少都傳達了對該項業務感興趣的訊息。

二、對方負責人採取迴避態度，是避免自己答話失誤而失去修正機會。

三、對方業務經理極有可能自己無法完成售屋任務而受到壓力，急於求得幫助，或是僅僅充當負責人代理人，出面交涉。

四、廣告公司不是專業策劃機構，他們為爭取這項業務而草率提出方案，表達誠意，這使房地產公司可以藉此向專業策劃機構施加壓力。可以想見，如果這位負責人是清醒的，或經我們提醒之後，是不會對廣告商的方案感興趣的，而只是把它做為一張牌打出來而已。

五、對方四處尋求銷售諮詢，就可能透露出時間和市場壓力的訊息。但如果對方承受這種壓力又沒有簽約意願，這壓力就難以利用，否則，利用這種壓力，對簽定合約有很大的幫助。

六、目前尚不宜找負責人商議，因為這樣做可能會露出自己急於得到合約的不利訊息。

不久，業務員得知房地產公司的業務經理被炒魷魚，可能是他無法改善銷售狀況的結果，也可能是相關單位提供的方案沒有引起負責人興趣。

這是個不可錯過的機會，業務員於是打了電話給對方負責人，對方如約而來。經過多次談判的結果，諮詢公司終於獲得這項價值不菲的合約。

可見，冷靜周詳的分析研究訊息，有助於期待的實現。

讓部屬照亮你的人生之路

一個英明的領導者，
不論什麼時候都不能忘記誠心誠意地對待你的部下，
從而讓你的世界亮麗起來，
因為，部屬可以照亮你的人生之路。

「不念舊惡」才能獲得更多

身為一個領導者，一定要嚴以律己，寬以待人，以更
寬闊的胸襟寬恕別人的過錯，如果你老是計較「一箭
之仇」，只會淪為平庸之輩，很難有所作為。

二十一世紀的商業市場，是一個複雜多變的戰場，每天都進
行著激烈的廝殺。在瞬息萬變的競爭中，每個人都無可避免地必
須面對比過去更劇烈的環境變遷，以及競爭對手的無情挑戰。

想在殺戮戰場中獲勝，深諳權謀的人除了殫精竭慮活用本身
的智慧，還會不念舊惡，設法把昔日的敵人變成未來的助力，將
更多優秀人才聚集到自己身邊，幫自己出謀劃策、分憂解勞。

春秋時期的大政治家管仲尚未發跡之前，曾經和他的好朋友
鮑叔牙一起前往齊國謀求政治前途。到了齊國，鮑叔牙投靠齊襄
公的弟弟公子小白，而管仲則投靠齊襄公的另一位弟弟公子糾。

齊襄公荒淫無道，公子小白和公子糾都生怕齊國發生內亂，
自己無端受到牽連，於是小白便由鮑叔牙侍奉逃往莒國，公子糾
則由管仲和召忽侍奉逃往魯國。

不久，齊國果然爆發嚴重內亂，齊襄公被殺身亡。消息傳出
後，公子糾和公子小白都想搶先趕回到齊國登基為王。公子糾為
了達到目的，派管仲帶兵攔殺小白，管仲發箭射中小白的帶鉤，

小白假裝被射死，反而搶先回到了齊國，被臣僚擁立為國君，就是後來赫赫有名的齊桓公。

魯國這時也派兵送公子糾回國繼位，齊桓公於是發兵打敗了魯國，並逼迫魯國殺了公子糾，召忽自殺身亡，管仲被囚送往齊國。

齊桓公原本想要殺掉管仲，以報一箭之仇，但是鮑叔牙極力舉薦管仲的才能，並且對齊桓公說：「管仲的治國能力遠遠超過我，我在許多方面都不如他。齊國要想強大起來，棄管仲而不用是不智之舉。」

鮑叔牙還說：「管仲之所以要殺你，只是忠於自己的上司而已。他能夠如此忠心於自己的上司，一定可以再忠心於你。如果能重用管仲，齊國一定能夠強盛起來。希望你切莫錯過了這個奇才。」

於是，齊桓公親自將管仲從囚車中釋放出來，促膝長談竟達三日三夜，大有相見恨晚之憾。隨即，齊桓公拜管仲為相，將治國的重責大任交給了他。

管仲的確有治國才能，經過幾年努力，終於輔佐齊桓公成就了空前霸業，使他成為「春秋五霸」中第一位會盟諸侯的霸主。

身為一個領導者，一定要嚴以律己，寬以待人，以更寬闊的胸襟寬恕別人的過錯，如果你老是計較「一箭之仇」，只會淪為平庸之輩，很難有所作為。

西漢衰亡之後，外戚王莽建立了一個新政權——新朝。新朝年間，天下大亂，群雄競相逐鹿，屬於漢室後裔的劉秀也起兵漢

水一帶。當時局勢混亂，勝敗難以逆料，劉秀的部下當中有人寫了密函，想要投靠其他角逐者。

不料，劉秀最後壓倒群雄，即位爲漢光武帝，並且從敵方陣營搜獲了幾千封這樣的密函。劉秀不但沒有拿這些信函作證據一一追查，誅殺這些吃裡扒外的內奸，反而下令全部燒毀。

這個舉動消除了部屬的疑慮和恐懼，增強了新政權的安定團結。那些「反臣賊子」們更是暗中感激涕零，誓死將功贖罪，報答不殺之恩。

《聖經》裡面有一句話頗能給我們一些啓發：「如果有人打你的左臉，那麼，你就將右臉伸過去讓他打。」

這句話不僅僅教人要有忍辱負重的涵養，更積極的意義是：想成就大事，一定要有「不念舊惡」的氣度。

「不念舊惡」才能獲得更多。齊桓公和劉秀就是最好的典範，如果他們一味計較舊日的恩怨和部屬吃裡扒外的行徑，就不可能開創曠世的功業。

我不是教你壞

證據顯示，當人類面對不確定性時，所有的決定和選擇，都只是在重複非理性、不一致性及無能而已。

——柏恩斯坦

讓部屬照亮你的人生之路

一個英明的領導者，不論什麼時候都不能忘記誠
心誠意地對待你的部下，從而讓你的世界亮麗起
來，因為，部屬可以照亮你的人生之路。

美國前總統雷根被人們稱為「偉大的溝通者」，絕非是沒有
緣由的胡吹瞎捧。

在他漫長的政治生涯中，自始至終都深切地體會到與各階層
人士溝通的重要性。

即使在他的總統任期內，他也堅持花一定的時間收閱來自美
國四面八方的民眾來信，以誠心來傾聽他們的心聲和內心感受，
瞭解國民的心態和感受，並把這些作為自己決策的重要依據之一。

他請白宮秘書每天下午交給他一定數量的信件，看過之後，
他還要利用晚上的時間親自回信。

柯林頓總統也同樣如此，他常常利用現代通訊技術與一般民
眾進行面對面的交談，透過種種方式來瞭解美國人民對政府工作
的意見，和他們的真實想法，並且表達他對人民疾苦的真摯關心。

退一步來講，就算他不能真正及時回答所有美國人的問題，
但作為國家元首，柯林頓親自傾聽民眾的意見、抒發自己的想法，
本身就是一種「誠意」的展現。

當然，這與美國的民主制度、白宮傳統、民族精神和國民素

質，有一定程度上的關聯。這也與民主國家的競選制度有關，在位總統及總統候選人為了籠絡民心，或為了贏得選票，不能不注重與國民的聯絡。

一百多年前的亞伯拉罕・林肯總統也是一位為人稱道的「平民總統」。當時，凡是美國公民都可以直接向總統請願。林肯總統會請秘書或白宮其他官員做出答覆，有時候，他自己也會親自回覆請願者。

為此，林肯總統還遭到一些批評。當時正是美國南北戰爭、北方諸州緊急待援的時候。很多人大惑不解地問道：「為什麼你要花這麼多時間，去處理這些瑣碎的事情呢？」

林肯常常回答說：「我認為，瞭解民意是美國總統的首要職責，因為我是人民選出來的總統。如果我在某些方面做出了不利於美國人民的事情，我想上帝都不會原諒我的。」

福特汽車公司北美市場部處長理查・芬斯特梅切爾，常常對他的同事們說：「我辦公室的門永遠是開著的，如果你經過時看見我正在座位上，即使你只想打個招呼，隨時歡迎你進來。如果你想告訴我一個新點子，或提什麼新建議的話，也歡迎你進來坐坐。千萬不要以為必須通過分處經理才可以和我說話。」

要唸好人際關係這本經，並不像圓滑世故、花言巧語那麼容易，也不像故弄玄虛那麼莫測高深。

有了一個「誠」字，就具備了處理好各式各樣人際關係的基本前提和條件；反之，則成為無益的空談。一個英明的領導者，不論什麼時候都不能忘記誠心誠意地對待你的部下，如此才能拉近心與心之間的距離，從而讓你的世界亮麗起來，因為，部屬可以照亮你的人生之路。

千萬不要和小人結仇

陰狠歹毒的小人，現實生活中到處都是，常常因
為你不知不覺間得罪了他們而懷恨在心，伺機興
風作浪將你吞噬。

　　人性是醜陋的，而且越卑鄙的人，就越會暗中陷害他人。遇
到奸惡寫在臉上的小人，最好敬而遠之，千萬不要和他們結仇。

　　唐德宗時期的宰相盧杞是個奸詐陰險的小人。他的祖父是唐
玄宗時的丞相盧懷愼，以忠正廉潔著稱，從不以權謀私，深受朝
野敬重，他的父親盧奕也是一位忠烈之士。盧杞在平時一副生活
簡樸的模樣，穿著很樸素，飲食也不講究，人們都以為他頗有祖
風。

　　但是，盧杞善於揣摩人意，工於心計，而且言行十分恭謹，
容易取得別人的信任，正應了「大奸似忠」這句話。盧杞靠著左
右逢源的本領，很快就由一個普通官員爬上了丞相的寶座。盧杞
當上丞相之後，與其他奸臣一樣，當務之急就是鞏固自己的權位，
想盡辦法打擊異己。

　　當時，與盧杞同朝為相的楊炎，是個有名的理財能手。他提
出的著名「兩稅法」在中國賦稅史上具有里程碑的意義，也適時
緩解了當時中央政府的財政困難。史學家曾評論說：「後來言財
利者，皆莫能及之」。

　　楊炎長得上一表人才，而且博學多識，頗有政才。然而，他雖有宰相之才，卻無宰相應有的智慧，尤其是在處理同僚關係上，經常恃才傲物，目中無人，嫉惡如仇。對盧杞這樣的小人，他既不放在眼裡，也缺乏一個政治家應有的圓融和世故。

　　唐朝有個制度，就是幾位丞相每天要在政事堂一起同餐一次，叫做會食。楊炎因為瞧不起盧杞，多次藉故推辭。每次上朝後都推說自己身體不好，獨自到別處休息，不願與盧杞一起共商國事。

　　如此一來，盧杞對楊炎更是忌恨有加，欲除之而後快，從此二人積怨越來越深。

　　盧杞深知不但不是科班出身，而且相貌醜陋，不是楊炎的對手，所以只能極盡阿諛奉承之能事，並逐漸取得了唐德宗的信任。

　　不久，機會終於來到了。

　　節度使梁崇義背叛朝廷，拒不受命，唐德宗便命淮西節度使李希烈帶兵討伐。然而，楊炎不同意重用李希烈，認為此人反覆無常，因此極力諫阻。唐德宗聽了甚是不高興。

　　李希烈最後還是受命掌握兵權，討伐梁崇義。但當他掌握兵權之後，正好碰上連日陰雨，行軍速度遲緩。

　　唐德宗是個急性子，就命人傳盧杞上朝商議。盧杞見機會已到，順勢向皇上進言說道：「李希烈之所以徘徊拖延，只要是因為楊炎掌權，心有疑慮。皇上又何必為一個楊炎而耽誤了大事呢？不如暫時免去楊炎的丞相職位，使李希烈不再心有顧忌，如此一來，他就會竭盡全力為朝廷效力了。事情過後再起用楊炎，相信楊炎會體諒皇上的苦衷。」

　　唐德宗竟認為盧杞的話有理，聽信了他的話，免去了楊炎的的丞相之職。就這樣，楊炎因為不願與小人同桌就餐，而莫名其

妙地丟掉了相位。但是，事情至此尚不能消解盧杞心中的怨恨。不久，盧杞又進讒言，害死了被貶的楊炎。

盧杞向唐德宗上奏，詭稱楊炎建家廟的地點，正是開元年間宰相蕭嵩準備立廟的地方，當年因為玄宗皇帝曾到此巡遊，看到該處王氣很盛，就讓蕭嵩將家廟改建到別的地方了。如今楊炎又在此處修建家廟，必是居心叵測，想要謀反。

盧杞聲稱，近日來，長安城內到處謠言四起，說：「因為此處有帝王之氣，所以楊炎要據為己有，這必定是有當帝王的野心，再明白不過了。」

昏庸的唐德宗聽後，也不問真假，便勃然大怒下令縊殺楊炎。就這樣，盧杞借皇上之手，幹掉了自己的一個強敵。

像盧杞這樣陰狠歹毒的小人，現實生活中到處都是，常常因為你不知不覺間得罪了他們而懷恨在心，伺機興風作浪將你吞噬。作為一個聰明人，應時時提防這類小人暗中破壞做亂，否則你不僅做不好工作，自己的前途也可能毀在他們的手中。

「不與小人結仇」，這是每個人都不能不記取的警世之言，除非你甘願讓自己的前途佈滿坎坷！

我不是教你壞

在生命中沒有任何一個年齡或時間，也沒有任何立場或情況，能讓人永遠維持成功。任何年齡都是朝成功努力的開始。
　　　　　　　　　　　　　　　　　──傑洛大主教

對付小人要懂得「裝腔作勢」

「絕活」有助於樹立自己的威信。從理論上來看，一個人身懷絕技，又懂得適時運用的人，才是最聰明睿智的。

有的人認為，只要踏踏實實地做事，老老實實做好自己的分內工作就夠了。

殊不知，這種厚道的想法只會使別人將你看成無能的人。

心理學家告訴我們，在很多時候，位居領導地位的人，威信往往是經由「旁門左道」而樹立起來的。

記住，唯有讓你的屬下對你又敬又畏，你才能順利指揮他們，把他們當成向上躍昇的跳板。

老王在某家上市公司擔任副總經理職務。有一次，他對朋友大發牢騷說，替他開車的司機小李，常常藉口說車子這裡有毛病、那裡有毛病，經常找各種理由把車開去修理保養，每回都拿一疊帳單要他簽字報銷。

他明知道其中有蹊蹺，可又苦於不懂機械，抓不住把柄；而且又不能將他解雇，因為小李是他上司的小舅子。

這位朋友就告訴老王說，這種事其實很好解決，只要略施小計就可以一勞永逸。

於是，老王就照著朋友告訴他的主意去做。第二天，他悄悄

地將一塊小石頭塞進汽車發動機的縫隙中。小李將車發動開出不久，老王隨即皺了皺眉頭說：「小李，你停車下去檢查看看，發動機的聲音好像有點不太正常。」

小李仔細一聽，車子行進間確實有細微的異聲，於是下車查看。小李費了一番功夫才發現發動機裡有一塊小石頭，連忙對老王說：「唉呀，原來是一塊小石子夾在發動機的縫裡，我真不小心。」

老王輕描淡寫地說：「以後小心點就是了。」

後來，老王對這位朋友說，這一招真是靈驗，小李以為他對車子的零件和運動原理瞭如指掌，甚至連他察覺不了的細微毛病都知道，從此以後再也沒聽小李說要修車了。

當然，這個例子可能不太貼切，因為故事中的老王只是「裝腔作勢」，其實他根本不懂機械。

不過，這個故事告訴我們——略施小計就能發揮如此功效，那麼，擁有一手絕活，豈不就更能確立你的權威！

因此，你必須記住，「絕活」有助於樹立自己的威信。從理論上來看，一個人身懷絕技，又懂得適時運用的人，才是最聰明睿智的，縱使這種絕活與你所從事的職業並不一定有所關連。

我不是教你壞

你去爭辯問題、抗拒問題，可能會耗更多時間與精力，倒不如採取積極態度去解決問題。一旦把問題解決，你會很興奮滿足。
　　　　　　　　　　　　　　　　——李奧・貝納

活用自己的絕技壓倒小人

人必須苦心練就一兩手「絕活」，有時它會成為一種很有殺傷力的防禦武器和攻擊武器。

　　日常生活中不時出現這種場景，有的人下棋互不相讓，到最後惱羞成怒，彼此惡言相向。很多人不禁感到納悶：不過是下盤棋罷了，為什麼要把場面搞得這麼僵？

　　其實，問題就出在這是一種深層的心理反應。

　　贏家可能在潛意識中認為自己的智力勝過對方，因而表現出目空一切的態度。

　　至於輸家則認為自己遭到挫敗，無疑暴露了自己的心理和智力弱點，因而感到自己的人格在某種程度上受到對手戕害，靈魂有種被撕裂的感覺。

　　因此，人必須苦心練就一兩手「絕活」，有時它會成為一種很有殺傷力的防禦武器和攻擊武器。

　　小趙是某黨的工作會主委，以牌技爐火純青聞名。

　　曾經有朋友問他，為何要花那麼多的時間和精力去鑽研牌技。他神秘兮兮地回答說：「這你就不懂了，你看我好像是在研究牌技，其實，我研究的是對付小人的方法。」

　　每當有部屬故意扯後腿，或者別人做了不利於自己的事，他

都會找適當的藉口約他們打牌。而且，牌局結束時，他都會從容自若地將牌桌上發生過的事，一五一十地指出來。

他能說出在第幾輪誰出什麼牌，這張牌對以後牌局產生什麼影響。聽者訝異之餘，往往倒抽一口涼氣：「他居然有如此驚人的記憶力，那我所做的一些見不得人的事，他不就記得一清二楚！」

小趙不無得意地對朋友說：「這就是武器，就是撒手鐧。可以挫挫小人的銳氣，助長自己的氣焰。」

「你看我好像是在研究牌技，其實，我研究的是對付小人的方法。」小趙的這番話確實發人省思。

如果我們都能從這個角度，來看待自己所擁有的「絕活」，我們所受益的，可能要比我們想像的要多得多。

因為，這些「絕活」就是建立威信、鎮服小人的最佳武器。

威信就好比是七彩的陽光，它會使你的世界變得寬敞、明亮。

如果它變得暗淡的時候，你連同你的世界都將變得虛無……

我不是教你壞

如果你為失敗經驗所付出的代價，不能使你換得成功和更高的報酬，那麼，你就徹底失敗了。　　——格蘭森

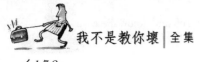
忘恩負義會使你眾叛親離

「好寒鳥」的寓言雖然大家都知道，但是，在實際生活中，還是有一些領導者偏偏要學「好寒鳥」的行徑，犯下自大愚蠢的錯誤，最後落得眾叛親離，甚至被轟下台。

人性其實很簡單，你付出什麼，就會得到什麼。將「人性」複雜化，或貼上負面標籤，或者戴著有色的眼鏡去看「人性」，只會讓你得出負面的分析結果，替自己的工作和生活帶來一些不良影響。

很久很久以前，有一隻「好寒鳥」身上的羽毛掉光了。時值隆冬，她被嚴寒的天氣凍得直打哆嗦，其他的鳥兒見她十分可憐，惻隱之心不禁油然而生，紛紛前來幫助她。

每一隻小鳥都從自己的身上拔下一根羽毛送給她，不久之後，「好寒鳥」身上裝滿了五顏六色的羽毛，變得十分光鮮艷麗。

可是，「好寒鳥」並不心存感激，反而越來越驕傲起來，甚至開始瞧不起其他的鳥類，認為自己是世界上最漂亮的小鳥。

大家對「好寒鳥」忘恩負義的行徑氣憤至極，於是大家商議之後，決定把自己送給「好寒鳥」的羽毛要回來。

結果，「好寒鳥」又恢復一無所有的模樣，瑟縮在寒風裡打顫發抖，最後終於被寒風凍死在荒野。

　　「好寒鳥」的故事告誡我們，領導人在處理人際關係的時候，一定要時時刻刻記住「水可載舟，也可覆舟」的道理。

　　因為，你的下屬可以是你獲得績效的力量來源，也可以是推翻你的直接動力。

　　「好寒鳥」的寓言雖然大家都知道，但是，在實際生活中，還是有一些領導者好的不學，偏偏要學「好寒鳥」的行徑，犯下自大愚蠢的錯誤，最後落得眾叛親離，甚至被轟下台。

　　領導者在處理自己與下屬的人際關係時，一定要妥善運用眾人的力量，讓所有的人團結在自己領導下，發揮團隊合作的精神。

　　我們不妨來看看加拿大雁的例子。

　　加拿大雁深知分工合作的價值，經常以「V」字隊形飛行，而且「V」字的一邊總是比另外一邊長一些。加拿大雁定期變更領導者，即領頭雁，因為帶頭的加拿大雁在前頭開路，能幫助左右兩邊的雁造成局部的真空，這是一件艱苦的任務，因此必須輪流更替。

　　科學家曾在風洞試驗中發現，成群的加拿大雁以「V」字形飛行，比一隻單獨飛行可以多飛二十％的距離。

　　人類其實也是一樣的，領導者只要能跟下屬通力合作，往往能飛得更高更遠。

我不是教你壞

現代人很有趣，雖然有些人樂觀進取，有創意和智謀，但我認為它代表的是大部分人的心智退化，很容易就被騙、被說服。
　　　　　　　　　　　　　　　　　　——康拉德

合作可以讓你走得更久

喬治馬修‧阿丹曾說：「幫助別人往上爬的人，
會爬得最高。」如果你能幫助其他人獲得他想要
的東西，你也會得到你想要的東西。

日本作家大久光曾經提出一個有趣的比喻：「協調關係是糖，
對立關係是鹽。單單是糖太過甜膩，適度地加點鹽，人際關係才
會變得更協調。」

在現代社會中，人際關係就猶如空氣一般，誰也脫離不開這
張巨網，但是，光靠廣泛的交際，無法建立良好的人際關係，你
必須用心瞭解誰才是值得你用心交往的對象，然後加糖加鹽，讓
彼此的關係更緊密。

哈特瑞爾‧威爾森是一位國際知名的演說家，說話生動幽默。
有一回，他在演說時曾提及自己小時候發生的一件趣事。

小時候，哈特瑞爾‧威爾森住在東德克薩斯州的某個小鎮，
有一次，他跟其他兩個小孩在一段廢棄的鐵軌上面邊走邊頑。

另外兩個小孩子，一個身材瘦小，另一個則是個胖子，他們
三個人相互競爭，看誰能在鐵軌上走得最遠。

哈特瑞爾跟那個較瘦的男孩走了幾步就跌了下來，較胖的那
個卻走得很遠。

　　最後，在好奇心的驅使下，哈特瑞爾便問那位胖男孩：「你為什麼可以走那麼遠，到底有什麼秘訣？」

　　那位胖男孩搔搔頭回答說，哈特瑞爾跟那位瘦孩走在鐵軌時，只顧著看自己的腳，所以很快跌了下來。

　　然後他又解釋，因為他太胖了，所以看不到自己的腳，只能選擇鐵軌上遠處的一個目標，並朝這個目標走去，當接近目標時，再選擇另一個目標，然後不斷地走向新的目標。

　　這個小故事乍聽之下，似乎是在勉勵我們，不管做什麼事情，只要設定目標，小心翼翼地朝這個目標前進，便能順利抵達終點。

　　其實，這個故事的另外一個要點是說明合作的可貴，如果哈特瑞爾跟他的朋友能夠在兩條鐵軌上手把手地一起走，他們不但可以走得比那個胖子遠，而且能不停地走下去，而不至於跌下來。

　　喬治馬修·阿丹曾說：「幫助別人往上爬的人，會爬得最高。」

　　如果你能幫助其他人獲得他想要的東西，你也會得到你想要的東西。而且這種關係是成正比的，你幫助得越多，得到的就越多。

　　西班作家格拉西安曾經這麼說：「聰明人從小人那裡，比傻瓜從朋友那兒能獲得更多的好處。」

　　其實，聰明的小人比無知的朋友更具價值，因此，你必須將今天還是敵人的小人，當成明天的朋友來看待。

正視別人渴望獲得尊重的心理

一個高明的領導者必須淡化自己的權勢慾望，正視一般人渴望獲得尊重和賞識的心理，如此一來，才能激起下屬的感遇之心，心甘情願赴湯蹈火。

　　要想在社會關係中如魚得水、左右逢源，光講究「八面玲瓏」是遠遠不夠的，因為八面玲瓏只意味著圓滑、鄉愿，連誠心誠意的境界都未達到。

　　自己若是缺乏誠心、沒有誠意，就不可能從別人那裡得到任何情誼，只能偶爾占點小便宜，但時日一久之後，你就露出小人的廬山真面目。最後，變得人人躲你，人人怕你，對你「敬鬼神而遠之」。

　　人情和人際關係的「資源」一旦耗盡，你就變成一條擱淺的巨鯊了，等著被水鷹和食腐動物吃掉。因此，想要獲得別人善意的回應，與人交往之時，應該要強調「誠心誠意」。

　　我們都知道劉備三顧茅廬，請諸葛亮下山為自己效命的故事。

　　當時的劉備有如喪家之犬，四處流亡依附別人，連自己的地盤都沒有著落，可以說是身處危亡之境。但是，他卻有禮賢下士的優點，只要誰有真才實學，或具有某方面的特長，他都會不辭勞苦，親自登門拜訪，把對方奉若上賓。所以，他能找到像關羽、張飛這樣流傳古今的猛將，並以兄弟相稱，結為生死之交。

後來，他到了南陽，聽說諸葛孔明高風亮節，有經天緯地之才，並能運籌帷幄，決勝於千里之外。於是，劉備兄弟三人，一同前去諸葛孔明所居住的地方隆中草堂拜訪，試圖請出這個曠世奇才共謀大計，共創霸業。

可是，身懷奇才的諸葛亮不願輕易許諾，為了考驗劉備的誠意和決心，他故意迴避了兩次，使得隨行的關羽和張飛兩人氣得大發雷霆。但是，劉備卻仍堅持以誠相待、以誠感人，三顧茅廬之後，終於請出諸葛亮。

最後一次，天空下起了鴻毛大雪，諸葛亮在草堂裡酣睡，劉備等三人靜靜在門外等候。諸葛亮深感劉備誠意十足，最後終於答應輔佐蜀漢，「受任於敗軍之際，奉命於危難之中」，從而為劉備鞠躬盡瘁，死而後已，成為禮賢下士、以誠待人的一段千古佳話。

魅力型領導者懂得如何吸引別人，激起他人追隨的慾望。他們各有各的招式，每一招每一式，都蘊藏著神奇的魔力，引誘、迫使追隨者為他們效力賣命。

許多歷史的典故都告訴我們，身居高位的領導人，若能放下身段，做到禮賢下士，賢能之士就會拋頭顱、灑熱血地回報知遇之恩。箇中緣由只在於，人人都有一顆自尊心，人人都渴望獲得別人的尊重與賞識。

相反的，如果領導人一味以手中的權力對別人呼來喚去，或是進行要脅逼迫，就會讓人敬而遠之。

正因為如此，一個高明的領導者必須淡化自己的權勢慾望，正視一般人渴望獲得尊重和賞識的心理，如此一來，才能激起下屬的感遇之心，心甘情願赴湯蹈火。

臉皮越厚，招數越多

對手的個性、技巧不同，
自己也將受到對手用盡一切卑劣招數來進行輪番轟炸。
所以，臉皮越厚，瞭解的招數越多，
越有可能在談判中佔優勢，
減少失敗的次數。

要面子，也要顧銀子

不管是商業利益或人際關係，談判或折衝都是我
們經常遇到的課題，必須設法讓自己既贏了面
子，也贏了銀子。

　　許多商場老狐狸進行談判前的縝密計劃，往往令人驚訝。

　　他們對於重要生意的談判，事先進行多次演練是常有的事，
對於在談判中可能出現的每個細節問題，也都做了充分準備。

　　這種方式使他們增強了應變實力，也增加了折衝優勢，即使
說謊也得臉不紅、氣不喘，因而成為談判桌上的大贏家。

　　已是萬家燈火的時候，某家車床公司的總經理還在辦公室裡
與他的夫人爭論得面紅耳赤：「我按合約規定，在上月十八日將
兩台車床運送到貴公司。貴公司為何不將首批貨款於當月三十日
匯出？」

　　他的夫人振振有詞地反擊說道：「因為，我們在三十日以前，
並沒有收到貴公司送來的車床。」

　　「那不是我們的責任。我們按合約如期送出，有憑據可查。」

　　「可是，貴公司為何不以急件處理呢？」

　　總經理的火氣更大了，「合約上並沒有要求這一項呀！」

　　然而，他的夫人卻露出冷笑，一副狡猾的模樣，平靜地規勸：

「你的聲音這麼大,你是想以聲勢壓人嗎?要知道,有理的人說話不必大聲。」

知道內情的人,對此莫不發出會心的微笑。

原來,總經理不久要和理亞金屬加工公司進行談判,今晚特地請他的夫人扮演理亞公司總裁,以模擬談判過程。

談判是利益的較量,也是辯才和臉皮厚薄的較量。

談判日期訂立後,事前應該透過不斷演練,來檢驗談判內容的周密程度,以求修正和改善自己臉薄心軟的缺點。

談判者預先進行角色扮演時,可用不同的人充當對手:有的急躁粗暴、有的道貌岸然、有的不拘小節、有的吹毛求疵……儘量將對方可能提出的尖酸刻薄問題,和反駁的理由設想出來,預測談判的可能結果,進而對預期目標重新評估。如此,就可以在演練中發現談判計劃的疏漏和一些不符實際的弊端。

另外,談判者的穿著言行也是很講究,絕非等閒小事。如同夫人指責總裁的怒氣一樣,談判者要有面厚心黑的修養,不可以用不尊重對方的語氣說話,否則只會贏了面子,而輸了裡子,甚至丟了銀子。

此外,談判者代表企業,影響企業形象甚大,所以,談判代表的服裝配飾必須煞費苦心。

傳聞松下電器公司的總裁松下幸之助,原來是個不修邊幅的人,頭髮蓬亂,衣衫縷舊,皮鞋也不常擦,活似個邋遢老頭,而不像赫赫有名的大總裁模樣。

有一次他去理髮廳理髮,當理髮師得知他就是大名鼎鼎的松

下總裁時，驚訝之餘，嚴肅地批評道：「你這樣不注意自己的外表怎麼行呢？別人會從你的身上聯想到公司的形象，總裁的外表這樣邋遢，別人對公司的印象會好嗎？」

松下幸之助悟出其中真諦，於是來個全身上下徹底的改觀，服裝整齊，皮鞋閃亮，頭髮油光，給人一種肅然起敬的威儀力量，而在商業折衝過程無往不利。

由此可見，營造自己的形象，也是談判過程中不可忽略的重要環節。

不管是商業利益或人際關係，談判或折衝都是我們經常遇到的課題，必須設法讓自己既贏了面子，也贏了銀子。

我不是教你壞

如果我們未曾嘗試改變一些事情，我們就會成為自己失敗的幫兇。我們沒有一個人可以逃得了失敗所產生的壓力。

——馬克‧麥考梅克

互掐喉嚨不是最好的方式

化解互掐喉嚨的敵對戰略，是雙方的共同職責，
選擇化解策略的關鍵在於，是否真正想維護自己
的利益。

日本作家桐田尚作曾經寫道：「要建立良好的人際關係，要
先多瞭解每一個人所秉持的主觀信條和所屬環境，如此才能切入
他的思想領域，和他進行更密切的溝通和良好的互動。」

談判中採取嚴格的敵對式戰略，強調己方利益，而不顧及對
方死活，只想著做成一筆最佳交易，那麼結果也許是什麼也得不
到。

因為，如果這種「最佳」是建立在損害對方利益基礎上的話，
對方絕不會做出任何善意回應的。

誰都不會去談判桌上做公益事業，只有共同解決難題、雙方
有利可圖的戰略，才是最佳考量。

人走進談判室的時候，雙方都會把對方設想成對立的一方，
心裡必定帶著若干敵意。這其實並無多大害處。有害的是，不能
採取共同解決難題的合作戰略，就會在談判過程中，表現出充滿
敵意的言行來。

談判中注重保護自己的利益，並不意味著不去消除達成協議

的障礙，因為排除障礙關係到協議的達成，以及成交後為己方帶來的利益。

化解互掐喉嚨的敵對戰略，是雙方的共同職責，選擇化解策略的關鍵在於，是否真正想維護自己的利益。

法國西斯廣告公司拍攝了一部廣告，合約上載明必須付給廣告主角珍妮現金五十萬法郎。廣告推出之後很受歡迎，珍妮的知名度因此大幅提高，成為眾所矚目的廣告明星。

到了付片酬時，公司希望以不動產來抵付，因為公司把資金投入其他業務。可是，珍妮表示要現金，不接受不動產。

「我這是按照合約合理要求，你們應該以現金支付才對。」珍妮生氣地指著合約據理力爭。

珍妮沒有退讓的餘地，西斯公司也籌不出現金來。這件事情只有用法律來解決。

問題是，如果採用法律途徑，廣告公司和珍妮必須在法庭上耗費巨大精力，律師費也是昂貴得驚人。

然而，珍妮因為成了家喻戶曉的廣告明星，片約如雪片般飛來，根本沒有時間和精力耗費在法庭上。再者，即使她贏了官司，廣告公司還是拿不出錢來，贏也是白贏，得不償失。何況，一場官司鬧劇，無可避免地會損害珍妮和西斯公司的聲譽，也會破壞雙方的形象。

珍妮不想走法律途徑解決爭端。她深深意識到：「雙方所處環境不同，各有各的目標，各有各的要求，應該冷靜下來為對方考慮一下。」

若是雙方在相互信任的基礎上為對方著想，化解僵局，促成

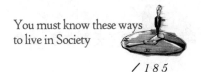
片酬問題的圓滿解決，對雙方都有利。

在這種情況下，陷入僵局的談判於是有了起死回生的轉機。

最後，珍妮想出了一個折衷的辦法：西斯公司每年以連本帶利的方式分期付款，在三年內付清款項。

這樣一來，她等於把五十萬法郎的酬金存入銀行生利息，因為她不急著用錢，酬金到手也是存放在銀行。

西斯公司只是一時資金周轉不靈，珍妮的折衷方法幫它渡過了難關。

我不是教你壞

珍妮的明智之舉不但解決了雙方的難題，還保持相互間的良好關係，鞏固了以後的合作基礎。

臉皮越厚，招數越多

對手的個性、技巧不同，自己也將受到對手用盡一切卑劣招數來進行輪番轟炸。所以，臉皮越厚，瞭解的招數越多，越有可能在談判中佔優勢，減少失敗的次數。

　　日常生活中，我們都免不了和別人打交道，無論是交談、交易，或是涉及權益的談判，常常考驗著我們的應對進退能力。

　　想從這些談話中獲得勝利，要訣是視實際狀況，時而抓住某些議題，時而避開某些議題，讓結局有利於自己。

　　一般來說，臉皮越厚，招數就越多，越容易獲得自己想要的結果。

　　「勝敗乃兵家常事」，在談判過程中遭遇失敗並不足為奇。

　　交易成敗關系到自己切身的利益，談判雙方趨於成交的願望，基本上是一致的。所以，談判者都希望成功率儘量高些，失敗次數儘量少些。

　　但是，即使是談判高手，也免不了會有失敗的經驗，重點在於看待失敗的態度。失敗並不可怕，可怕的是失敗後消沉、氣餒。

　　對待失敗的積極態度，應該是吸取教訓，總結失敗的經驗，然後設法拿出反敗為勝的王牌。

　　由於對手的個性、技巧不同，自己也將在不同程度上，受到對手用盡一切卑劣招數來進行輪番轟炸。所以，臉皮越厚，瞭解的招數越多，越有可能在談判中佔優勢，減少失敗的次數。

　　因為，在談判中沒人能打百分之百的包票，所以防止遭受慘敗和反敗為勝的因素，還應包括以下幾項：

- 得到協力廠商對你的對手的評估；
- 細審對手提出的任何要求；
- 不要為任何說出來、做出來的事感到難為情；
- 不必針對對手的言行做假設，而是根據事實來決定自己的舉措；
- 別怕談判不成就拜拜，避免陷入人身攻擊的困境；
- 記取每次談判失敗的教訓，作為轉敗為勝的必備條件。

　　卡內基是美國著名的成人教育家，有一次，他想租用一家大飯店禮堂來舉辦訓練班。可是，交涉中途，飯店卻臨時通知他，要他付出比原來多三倍的租金。

　　後來，他終於打聽出，原來經理為了賺更多錢，暗地裡打算把禮堂改租給別人舉辦舞會或晚會。

　　面對這個唯利是圖的商人，看來卡內基唯一的辦法，就是放棄這家飯店，找一家租金便宜的地方繼續開課。

　　但是，事情的結果，卻完全不是這樣。

　　卡內基找到飯店經理，對他說：「假如我處在你的地位，或許也會發出同樣的通知。你是這家飯店的經理，責任是讓飯店儘量獲利，若不這樣做的話，你的經理職位就保不住。」

　　卡內基接著說：「大禮堂不出租給講課的，而租給舉辦舞會

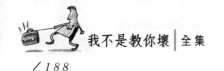

的、晚會的，當然可以獲得大利。因為，舉行這一類的活動，時間不長，他們能一次就付出很高的租金，比我的多得多。要是租給我的話，你們真是吃虧了。」

卡內基鬆懈了對方的戒備情緒後，又道：「但是，你要增加我的租金，實際上是要把我趕走，因為我付不起你要的租金，所以我勢必要另外找地方來舉辦訓練班。不過，你要知道，這個訓練班吸引了成千受過高等教育的中上層管理階級人士，這些人到你的飯店來聽課，實際上是免費為飯店做廣告。相反的，你若是花五千元在報紙上登廣告，也不可能邀請這麼多人親自來參觀。而我的訓練班卻幫你邀請來了，這難道不划算嗎？」

最後，卡內基運用欲擒故縱的說服術，終於使經理改變了態度，說服了飯店經理放棄增加租金的要求，使訓練班得以繼續辦下去。

我不是教你壞

明天可以做的事，應當今天就去做；今天可以做的事，應當馬上就去做。
　　　　　　　　　　　　　　　　　　──印度諺語

製造競爭氣氛拉抬價碼

在談判陷入僵局時，不妨尋找另一個勢均力敵的
對手，製造競爭氣氛，既可以加快成交速度，又
能夠取得價格上的優勢。

莎士比亞在《亨利四世》中曾經寫道：「即使理由多得像烏
莓子一樣，我也不願在別人強迫下給他一個理由。」

強迫，絕對不是最好、最有效的談判方式，而且極可能衍生
負面的結果，最後與自己的期待背道而馳。就像你可以把一匹馬
牽到河邊，但是無法強迫牠喝水一樣，人其實很難透過強迫性的
舉動，說服別人贊成自己的觀點，或是要求別人按照自己的主觀
意志行事。

與其強迫對方，不妨耍點心機，讓對方照著你的節奏走。

一家印刷廠的老闆想賣掉他的工廠，以便騰出精力經營娛樂
生意。因為，這家印刷廠的機器太過老舊，只能印一些廣告之類
的圖案設計、標誌及文字……等，幾乎沒有利潤可言。

他登出一個廣告，低價拍賣印刷廠。

廣告登出後，引來了許多買家，但真正有興趣的卻不多，只
是來湊熱鬧，白白浪費大家的時間。其中有個買家，態度顯得比
其他人明朗，但是他提出了許多要求。

廠主認為，提出要求的人對購買印刷廠有興趣，於是請這位先生寫下條件，想以此迫使那些還沒有表態的人，表明他們的態度。

廠主拿著那位對購買印刷廠有興趣的人寫下的要求，找到另一家似乎也有購買興趣的公司，商談這筆買賣。

廠主發現，要使這家公司立即表態做決定很難，因為對方推說他們的經理已經排滿工作了，不太可能騰出時間來經營這家印刷廠。

廠主意識到，如果他花時間等待對方做決定，就會在對方面前削弱自己的氣勢，一旦對方沒有進一步的動靜，自己再找上門去催促，會對自己更加不利。

於是，廠主打定主意與這家公司的幾位高層人物洽談，提出把工廠賣給他們的最重要原因，是為了保證員工們的工作，除此之外，當然還有其他種種原因。他還聲稱自己不喜歡另一位願意出價的買家。

「還有另一位買家嗎？」對方對他的話產生了興趣，這樣問他。於是，他給他們看了那位有意願買主的信。

事情發生了戲劇性的變化，對方看了信後，發現這筆生意居然還存在著另一個競爭者，於是特別看重眼前的機會，馬上拍案成交。

廠主如願以償的賣掉印刷廠，獲得了他想要的錢。

這個例子說明了，在談判陷入僵局時，不妨尋找另一個勢均力敵的對手，製造競爭氣氛，既可以加快成交速度，又能夠取得價格上的優勢。

先釜底抽薪，再趁火打劫

找到與對方利益緊密相連的另一方，使出釜底抽
薪的手段，設法造成威脅對方的態勢，使談判產
生轉機，然後再趁火打劫，使對方屈服於自己提
出的條件。

■■■

一九六一年之前，美國億萬富翁哈默的石油公司規模還很小。

一九六一年時，哈默石油公司在奧克西鑽通了加利福尼亞州
第二大油田，價值估計至少二億美元。幾個月後，公司又在布倫
特任德鑽出一個蘊藏量非常豐富的油田，價值可望達到五億美元。

為了將產品打入市場，哈默想要與太平洋煤氣與電力公司簽
訂為期二十年的天然氣出售合約。

哈默了為與這家公司進行商業談判，做了許多準備，不料到
了真正交涉的時候，卻碰了一鼻子灰。

因為，太平洋煤氣與電力公司已經有了充足的油源，也有了
穩定的用戶，所以他們的總裁高傲地對哈默說：「對不起，我們
已經有了油源，品質也很好。」

哈默受挫，想在價格上和服務品質方面讓步，以便使談判出
現轉機。然而，對方很沒有耐心，不願改變計劃，幾句話就把哈
默打發了。

哈默被潑了冷水，還是忍受了下來，努力思考幾種制伏太平

洋公司的辦法，最後決定採取「釜底抽薪」的厚黑手段。

　　哈默搭乘飛機前往太平洋煤氣與電力公司最大的買主——洛杉磯市天然氣承辦單位。只要動搖了這位客戶，太平洋公司必定要改變計劃。

　　他前往洛杉磯市議會，向議員們大吹法螺，描述自己的公司開出了兩口上等品質的油井，爲了推動洛杉磯市的經濟發展和服務廣大市民，他準備從恩羅普修建造天然氣管道直達洛杉磯市，並且用比太平洋公司及其他任何競爭者更便宜的價格，供應天然氣。

　　對這番信口開河的話聽得十分心動的議員們，於是準備按照哈默的計劃，放棄太平洋煤氣與電力公司的天然氣。

　　太平洋公司知道這個消息後，面對可能破產的絕境，感到驚慌萬分，趕緊來找哈默，表示願意合作。

　　臉厚心黑的哈默在同意合作之餘，還趁火打劫，提出了一系列有利於己的條件。處於被動地位的太平洋煤氣與電力公司，根本就不敢提出任何異議，馬上乖乖地與哈默簽署合約。

　　談判不能繼續下去時，應該思考阻礙談判的主要原因，然後找到與對方利益緊密相連的另一方，使出釜底抽薪的手段，設法造成威脅對方的態勢，使談判產生轉機，然後再趁火打劫，使對方屈服於自己提出的條件。

用別人的錢替自己造勢宣傳

談判成功是多種技巧的結合，要別人接受自己的
觀點之前，首先應讓對方肯定某種觀點，然後再
用自己的觀點取而代之。

▪▪▪

不管是人際交往，或是商業談判，最艱巨、最複雜、最富技
巧性的工作，無疑就是說服了。

說服的力量，綜合了各種因素：聽、問、答、敘等各種技巧，
綜合運用後改變對方的初始想法，讓他轉而接受自己的見解。

擅於說服的人能使敵對雙方化干戈為玉帛，而拙於說服的人，
可能由於出言不遜，而使矛盾更加惡化。

日本的經營之神松下幸之助在企業界起步時，就曾以誠懇和
說服取得企業家岡田的配合幫助，使樂聲牌方型電池車燈先聲奪
人、一炮而紅。當時，他決定採用主動出擊策略，為市場免費提
供一萬個方型車燈。

但是由於財力不足，松下便厚著臉皮，希望生產乾電池的企
業老闆岡田，能免費提供他一萬個乾電池，配合他實施這項計劃。

「一萬個乾電池價值不菲，要別人跟著自己去冒險，能做得
到嗎？」松下不斷思索著如何說服岡田。

後來，松下想妥了一個違反常規的說服方法，便帶著樣品來

到東京的岡田家拜訪。他先讓岡田看樣品，然後介紹自己推銷這個產品的策略。

在岡田頻頻點頭讚許之時，松下說：「爲了配合這種新型車燈的推廣，希望您能提供一萬個乾電池。」

岡田此時還不知道松下要他免費提供，便爽快答應了。松下繼續說：「岡田先生，這一萬個電池，能否免費提供給我？」

一直在小酌的岡田一聽此話，立即呆住，怔怔地望著松下，手中酒盅停在空中，像是凍住了一般，空氣似乎也凝結了。

一旁的岡田夫人此時插嘴說道：「松下先生，我們實在不明白你的意思，能不能請您再說一遍？」

「爲了宣傳造勢，我打算把一萬個方型車燈免費贈送，也請您免費提供一萬個電池，一道贈送。」松下不慌不忙的說。

老闆娘一副緊張的表情：「什麼？要一萬個？而且還是免費的？」這也怪不得她，松下的免費計劃也實在過於離譜。

岡田微突著小腹，緩過氣來驚疑而生氣的說：「松下先生，你不覺得這種厚臉皮的要求有點胡鬧嗎？」

松下處變不驚，鎭定地說：「岡田先生，也難怪您驚訝。但是，我對自己的做法非常有自信，無論如何，我決心要這麼做。但我不會無緣無故白白拿你的一萬個乾電池，我們不妨先談談條件。現在是四月，我有把握一年內賣掉二十萬個乾電池，請您先送一萬個給我。倘若您願意照我們的約定，我就把這免費的一萬個乾電池，裝在方型車燈裡當樣品，寄到各地。」

岡田疑惑地看著松下，問道：「你的想法倒是很偉大，但是，倘若賣不掉二十萬個，你又該怎麼辦？」

「若是賣不出去，您照規矩收錢，這一萬個電池算是我自己

的損失。」松下爽直地回答，沒有一點含糊。

岡田夫婦雖然不再言語，氣氛似乎融洽許多，但岡田的態度還沒有轉變。於是，松下進一步解釋：「我今年三十歲，已屆而立之年，正是努力事業的時候，無論如何，都會拼命工作。我二十三歲獨立創業，到現在已初具規模，這些年來，一直不敢有所鬆懈，我日夜都在想，怎麼做才能做得最好。我到這裡來請您幫忙，就是出於這個目的，請您相信我。」

松下這番話說得很認真，很誠懇，也很得體，岡田先生覺得他年輕有為，氣宇不凡，於是展露笑容說：「我做買賣十五年，還不曾遇到過像你這樣的交涉方法。好吧，如果你能在一年內賣出二十萬個，這一萬個就免費送給你，好好做吧。」

由於方型燈十分暢銷，岡田的電池也成了暢銷產品，不到一年就銷出了二十萬個，而這二十萬個電池的銷售利潤，遠遠超過贈送一萬隻電池。

岡田自從生產電池以來，從來沒有遇到過這樣的好景氣，對松下真是感激不盡。

松下的談判成功是多種技巧的結合，其中最主要的是採取一種超乎常規的說服辦法，變通技巧──要別人接受自己的觀點之前，首先應讓對方肯定某種觀點，然後再用自己的觀點取而代之。

他常常把自己的思想深入別人心裡，引起共鳴，掌握對方心理，步步逼進，使其同意。他沒有半句強迫的言詞，但是，循循善誘之餘，總是叫人心悅誠服。

當然，最關鍵性的一件事是：松下必須有能力和信譽保證兌現諾言，否則就算臉皮再厚，說得再天花亂墜，也無濟於事。

使出心理戰術逼對手讓步

> 柯倫泰的一系列暗示，令充滿男人自尊和紳士風
> 度的挪威商人，不得不接受她的低價，從心理上
> 贏得了這場談判，輕描淡寫的一、兩句話，就教
> 人舉手投降。

　　柯倫泰是世界有名的大使，精通歐洲十一國的語言，曾經被
蘇聯政府任命為駐挪威貿易代表，交涉一切對外貿易事務。

　　有一次，她和挪威商人就購買挪威鯡魚進行談判。

　　挪威商人開價很高，她的出價卻很低。

　　挪威商人精於談判訣竅：賣方叫價高得出人意料的時候，買
方往往不得不做出小小讓步，再與賣方討價還價。然而，柯倫泰
也知曉這些生意手法，不肯讓步就範，堅持低價交易。

　　因為她知道，只要談判不破裂，耐心拖下去，可能就會取得
意想不到的效果。於是，她堅持「出價低、讓步慢」的原則，取
得了討價還價的有利形勢。

　　後來，柯倫泰和挪威商人進行激烈爭辯，都想削弱對方堅持
立場的信心，結果談判陷入僵局。

　　在談判無以為繼的時候，她突然無條件的讓步，裝出一副可
憐的模樣說：「好吧，我同意你提出的價格，如果我們政府不批
准這個價格，我願意用自己的薪資支付差額。但是，當然要分期

付款，我可能得支付一輩子。」

她這幾句話說出來時，面露無奈神色。挪威商人怎麼好意思叫她個人支付差額呢？於是也表露一臉無奈：「算了，將鯡魚價格降到您提出的那個最低標準吧！」

柯倫泰的計策是，她表面敗下陣來，卻提出了一個難解之題給對方：用一輩子的報酬分期支付雙方的價格差額。

其實，這道難題是不能成立的，因為她是蘇聯駐挪威貿易代表，有獨立處理貿易之權，她卻把它推給政府來決定，這是明顯的搪塞之詞，而且也是說不過去的。再者，她把挪威商人與蘇聯政府之間的貿易交涉，轉換成挪威商人與其個人的談判，轉換了談判主題，把本來雙方平等的談判，變成一種無法構成經濟關係的空談。

挪威商人的讓步，並非在邏輯上被柯倫泰說服，而是一種無形壓力佔據了心理：怎麼能拿她微薄的所得去填補如此巨大的價格差額呢？這樣做豈不是有失厚道？

其實，柯倫泰給他另一種暗示是：「你看，為了跟你做成這筆生意，我一輩子的生活費全都要賠進去，難道你就不能讓點步嗎？教一個小女人無端失去生計的男人，算什麼男子漢？」

柯倫泰的一系列暗示，令充滿男性自尊和紳士風度的挪威商人，不得不接受她的低價。柯倫泰從心理上戰勝了挪威商人，贏得了這場談判，輕描淡寫的一兩句話，就教人舉手投降。

別把自己的想法寫在臉上

當你退讓時，
至少要從對方那裡得到相當價值的回應。
若要確定對方的回報是否實際，
必須自問一個問題：
對方的退步對達成協議有否價值？

虛張聲勢會讓你獲得好處

虛張聲勢的策略絕不可輕易使用，除非風險到了
最小階段，而且是在對方比你更想做成這筆生意
的時候。

目前仍然從事機器銷售的 K 君，常把虛張聲勢嚇唬對方的狡
猾方法使用在談判桌上。他明明不知道的事，卻常常裝作早已瞭
若指掌，等到對方發現他的底牌時，為時已晚。

例如，每當有人問他說：「我剛剛從別的廠商那兒聽到一個
重大消息，不知你是否知道？」

他總是這樣回答：「這早已經不是新聞了。」其實，此事他
還是第一次聽說。

假如對方問：「究竟是什麼事呢？」

他則會含糊其詞地說：「現在還很難說，如果貴公司願意和
我們站在同一陣線的話，我們會隨時將最新消息告訴您。」或更
進一步說：「貴公司聽到的是哪一件事呢？是否已有更進一步的
消息了？」試探著打聽對方得來的消息。

K君在降價動作上更是別出心裁。比如他心底的期望價是九
十元，開價一百元，對方必然會要求降價。雖然他最後答應了九
十元的價格，但他並不是一元一元地慢慢往下降，而是連續表示：
「不降，一分錢都不能降。」到最後關頭看準時機，一次降十元。

他認為一次降一元，是把對方的滿足感慢慢地削去，等降到九十元時，對方的喜悅感已蕩然無存。此時，就算你已經降了十元，對手還是不怎麼滿意。

相反的，每次交涉都堅決拒絕後，對手一定會顯得焦躁不已，此時一口氣滿足對方需求，其喜悅感一定會相對升高幾倍。

談判雙方的利弊得失不應該是一百比零，否則是強求而不是交易，當然也不是五十比五十的結局。

高明的談判者必定是讓對手獲得五十分的滿足感，同時自己卻得到六十或七十分利益。

那種想贏對方一百分的談判手，其實無法贏到一百分，當對方沒有利益或得不到優惠，你就不可能贏得穩定的客戶與長遠的生意。

我們再看另外一個例子。S君想把自己的店鋪賣給大商店老闆Y，經過唇槍舌劍的長時間談判，雙方在價格上產生了分歧。

Y老闆說：「我出的價不能高於一千五百萬元。」

S君道：「我一再跟您說了，我要二千萬元，少一分也不行。現在乾脆把這交易取消算了。」當然，他宣佈談判結束，只不過是虛張聲勢，目的在於迫使Y老闆提高價格。

「真遺憾，S先生，我們實在沒有共識。如果你改變了主意，請再通知我吧。」但是，Y老闆也不是省油的燈，不慌不忙的把S君的虛張聲勢頂了回去，目的在於察看對方是否有意繼續談判。事實上，他是可以出價二千萬元的，但此時還沒到攤牌的時機。

「既然如此，我也沒辦法了。」S君是想把店鋪賣出去，也知道Y老闆想買，因此決定一走了之，試試看會發生什麼事。

兩週後，Y老闆通知S君，同意二千萬元的售價。

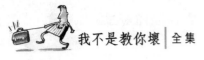

　　S君的期待之所以能夠實現，在於他的虛張聲勢受到對手挑戰後，仍然堅定不移。也就是說，S君獲得成功的關鍵在於Y老闆不聽他這一套後，S君轉身就走的大膽決定。

　　但這一招的風險不小，因為極有可能得不到他的期望價格；如果Y老闆不信邪，那就得承擔失敗的後果。

　　所以，虛張聲勢的策略絕不可輕易使用，除非風險到了最小階段，而且是在對方比你更想做成這筆生意的時候。

我不是教你壞

如果你抱著誰都不得罪的想法，那麼，你可能就永遠也不會給大眾留下深刻的印象。　　——傑米‧巴列特

順水推舟解決難纏的對手

> 順水推舟一般在難以「下台」時，是一種最有效
> 的化解武器。主要特點是順應時勢與對方話來採
> 取對策，使局面向著有利於己的方向發展，扭轉
> 大局，順利解脫。

有位女老師頭一次去商職夜校教課，學生開她玩笑說：「喲，老師的字真漂亮，跟您的人一樣！」

這個玩笑讓女老師無法接受，因為她的字其實是醜得令人不敢恭維的。但她還是笑了笑說：「你們和我開玩笑沒關係，但是不能和自己開玩笑。你們付了學費，用比金錢更寶貴的時間來學習，假如上課胡思亂想，學不到知識，時間、金錢統統浪費了，這豈不是在和自己開玩笑嗎？」

學生們茅塞頓開，於是對這位老師很尊敬。

我們生活周遭，如果看到別人的缺點，直接指出的話，對方恐怕不易接受，這時就可以運用順水推舟的技巧來解決。

順水推舟一般在難以「下台」時，是一種最有效的化解武器。

主要特點是順應時勢與對方話來採取對策，使局面向著有利於己的方向發展，扭轉大局，順利解脫。

這位女老師針對玩笑的難堪，順勢引到「和自己開玩笑」的

角度，對學生機會教育一番，進而化解了尷尬，一舉兩得。

某次，一位著名的女演員和丈夫舉辦一場敬老宴會，參加的還有文化藝術界不少著名前輩。耄耋之年的老畫家齊白石，也由護士陪同前來。

他坐下後，拉著這位演員的手，目不轉睛的看著她。

護士用稍帶責備的口吻說：「您一直看人家做什麼？」

老畫家生氣的回答說：「我爲什麼不能看她？她長得很好看啊。」

這時，女演員笑著對這位老畫家說：「那，您儘管看吧，我是個演員，是不怕人家看的。」

女演員用「不怕人看」的理由，順水推舟的爲大家化解一時的尷尬。

另外，順水推舟的方法，還能運用於巧妙的諷刺。

清朝時有個考生是當朝中堂李鴻章的親戚，雖然胸無點墨，卻喜歡附庸風雅。他在考場上打開試卷時，不由得兩眼直翻，大半的字都不認識，根本無從下手。

眼看時間快到了，他靈機一動，舉筆在試卷上寫道：「我乃李鴻章中堂大人的親妻（戚）。」

主考官批閱到這分試卷時，非常生氣，提筆寫道：「所以本官不娶（取）你。」

主考官巧借這個考生的錯別字，順勢來個「錯批」，達到強烈的諷刺效果。

　　有名叫丘浚的人去拜佛，老和尚見他寒酸，對他愛理不理。此時，一位官員來逛廟，老和尚馬上笑臉相迎，極為奉承巴結。後來，丘浚問老和尚說：「為什麼你對當官的這般恭敬阿諛，對我卻一副冷若冰霜的模樣？」

　　老和尚振振有詞的說：「你不懂，按佛門的心法，恭敬就是不恭敬，不恭敬就是恭敬。」

　　丘浚於是心生一計，就地拾起一根木棒，對准老和尚頭上就打。老和尚雙手抱頭高喊救命，痛定思痛，責問丘浚為何動手打人。丘浚說：「既然恭敬就是不恭敬，不恭敬就是恭敬，那我打你就是不打你，不打你就是打你。」

　　老和尚用「恭敬就是不恭敬，不恭敬就是恭敬」的詭辯手法，為自己的勢利辯護，丘浚就用同樣的手法來懲罰他。

我不是教你壞

當一個人即將成為自己的理想中人物時，正處於巔峰狀態，但是在達成目標之後，他就可能失去原來的聰敏。

——詹森

說錯話會把交易搞砸

在賣方的字典中絕對不能有「否定句」，代替否定
的應該是「拜託」──從交涉開始到結束，都只 $?$
「拜託」的字眼。

台灣某家公司的銷售部經理 M 君，向一家製造廠商推銷生產流程配套設備，在合約協調過程中，已經有百分之九十九的達成率，剩下未達成的百分之一，就是價格問題了。

面對製造廠的降價要求，他打算把二億元的價格略為下降一百萬，而與製造廠談判。對方接洽者同意這一價格，就等上司點頭，進行簽約儀式。

隨即，製造廠的採購經理找到 M 君的上司，懇求說：「協理，貴公司的立場我不是不知道，但請給我一點面子，再降價一百萬如何？」

M 君的上司表態說：「為了今後雙方能夠長久往來，這一點倒是不成問題。」因此就爽快批准了。

買賣雙方都在期待簽約日的到來時，但是，事情突然發生了變化。

當時，對方經理提出再降價一百萬的要求，M 君的上司也點了頭，M 君為了表示親切，於是向對方經理說：「其實，我們公司本來是不會接受這種價格的。」誰知這番話卻誤了大事。

　　他的意思很清楚：「我們公司無法接受的價格，卻爲了你而接受了，這給你天大的面子。」本來這是討好奉承的話語，誰知竟把這筆交易搞砸了。

　　對方採購經理一聽，臉色驟變：「我知道了。這件事就到此爲止。雖然貴公司一直很努力，但不必再談了。」說完就獨自離場。

　　面對此種突如其來的變故，M君和在場的對方採購員，一句話都說不出來，莫名其妙的大眼瞪小眼，呆若木雞。

　　M君不知道自己做錯了什麼，認爲等到雙方冷靜後，無論如何都要去致歉，請教原因何在。

　　對方的採購部勸他說最好重新擬訂計劃，再登門向採購經理道歉也不遲。

　　然而，事情至此已是覆水難收，這筆交易不久就被另一家廠商，以高過二億元的價格取得。

　　M君事後才意識到，原來問題出在他的討好上，在賣方的字典中絕對不能有「否定句」，代替否定的應該是「拜託」——從交涉開始到結束，都只有「拜託」的字眼。如果對方出價過低，己方要價過高時，只能說「拜託，請再考慮一下」。

　　M君無意中表錯了情，造成莫大的遺憾。競爭對手並未在他身上運用策略，而達到擊敗他的目的，結果他自己卻無意中犯了嚴重錯誤而痛失良機。

要為自己預留周旋空間

必須確定對手的許可權和是否有幕後決策者，才
能評估對手的影響力。否則，你將不知道此次的
談判是否為最後的洽商，而對方往往會藉口送交
上司核准，從你這裡獲取更多的讓步。

談判桌是唇槍舌劍的戰場，是充分發揮說話技巧的擂台。談
判席上的高手，應在以觀察為主的辯論中發揮卓越能力。

為推理而推理，容易落入陷阱。談判者應博覽善記、巧於比
喻，把話說得簡明易懂；應直覺的洞悉出反面的語意，擅於駁倒
謊言；融合各方意見，說服對方站在自己的立場。

東田先生代表製造公司，與代表原料公司的西宅先生雙雙走
進談判室，洽談購買生產原料的問題。談判在原料公司進行了長
時間的交鋒，雙方意見已十分接近。

東田出價四十五萬元，而西宅認為這個價碼還不錯，但仍需
要與總裁商量。

西宅出去十分鐘後，回來繼續開始。

「我已經請示了總裁，他說任何低於五十五萬元的價格都不
能接受。但是，我轉達您絕不肯再讓步的意思，於是他又說看在
您是老客戶的分上，他願意接受五十萬元的價格。」西宅首先通

報總裁的意見。

東田立刻表態：「這不行，我們去年才花四十二萬元買了同樣的原料，四十五萬已經是我方的最高價，這一點我在一小時前就告訴您了。」

西宅道：「這我知道，可是……」

兩位代表爭論了將近一小時，東田還是不肯把價格往上提。

「好吧，我再去跟總裁商量。」西宅又出去了，不久回來後說：「總裁發火了，不過我還是讓他同意四十八萬元這個價格。趁他還沒改變主意前，咱們簽約吧！」

東田很生氣的說：「我看不出再談下去還有什麼用，我已經訂了機票，三小時後就得登機回去。如果你們總裁還想做這筆生意，那就請他直接跟我談吧。」

他擺出時間有限的態勢，迫使對方答應成交。

終於，總裁現身問道：「東田先生，現在問題到底出在哪兒？」

東田說道：「問題不在我們，我已經同意四十五萬的高價，這已經比去年同樣的交易還多付了三萬。如果您還不接受的話，那麼再討論下去也沒什麼意思。」

「從去年開始，我們的成本就提高了不少，請您體諒我們的難處啊。」總裁又說了幾個理由。

東田先生聽了後，對總裁說：「很抱歉，我們也有我們的難處，四十五萬已經是最上限了。」他一邊說，一邊收拾文件。

這些動作其實是有意製造時間上的壓力。

總裁為難的說：「那麼，我們最低的價格是四十六萬元，這可離您報的價沒差多少了。說句實話，我們可是賠本跟您做生意

啲！」他向東田伸過手來道：「怎麼樣？成交？」

東田立即說：「那就四十六萬成交吧。等星期一我回到公司，由我來準備有關文件。」

事實上，在談判一開始時，東田就已經知道會議中的任何協議，還須經過對方上司同意，所以他在出價時便留了一手。其實，他期待的價格是四十七萬五千元。

當你發現談判牽扯到對方上級時，千萬別把最高報價透露給下級知道，等到對手搬出上級來時，你才有周旋的餘地。

總之，不管在任何情況下，你都應該知道到了哪個關口給的價格合理、如何才能把對方榨乾，以及何時得拒絕報價。

換言之，必須確定對手的許可權和是否有幕後決策者，才能評估對手的影響力。

否則，你將不知道此次的談判是否為最後的洽商，而對方往往會藉口送交上司核准，從你這裡獲取更多的讓步。

我不是教你壞

人們總以為在高層永遠不會有很多好位置，而寧願把它當成夢想，我倒認為高層之上一定有許多空位。

——柴契爾夫人

善用環境的特殊催化力量

談判前擬定的計劃中，選擇談判環境和地點的準
備工作十分重要，因為這具有促成談判儘速達成
協議的特殊催化力。

　　美國第二任總統湯姆‧傑弗遜，在《獨立宣言》簽署發表後
幾年曾說：「在不舒適的環境下，人們可能會違背本意，言不由
衷。」

　　他指的事眾所周知，《獨立宣言》的簽署會場是在一間馬廄
的隔壁，當時正值暑氣炎炎的七月，天氣特別悶熱，令人煩躁不
安。

　　更令人忍無可忍的是，馬廄裡有許多飛來飛去的蒼蠅，在談
判會場中橫行無阻，有時停在談判代表的臉上，有時則在談判代
表的背上，甚至無所顧忌的落在代表拿筆的手背上。在這種情況
下，簽字意味著一種解脫，又有誰願意跟嗡嗡亂飛的紅頭蒼蠅長
期糾纏在一起呢？

　　據說，以前美國總統卡特在主持埃及和以色列的和平談判時，
就故意把談判地點選在大衛營。大衛營並不是渡假勝地，而是連
一般市民休閒之時都不願去的地方。那裡最刺激的活動，就是撿
撿松果、聞聞松香而已。

　　據聞，卡特為這次中東和談提供的娛樂工具，是兩輛供十四

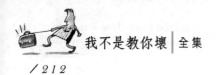
人使用的自行車。

住在那裡的埃及總統沙達特和以色列總理貝京，每天晚上只能從兩部電影中選擇一部來觀賞。結果到了第六天，他們早把這兩部電影看了好幾遍了，看得煩透了，可是，卻沒有新片可看。

每天早晨八點，卡特就會去敲他們的房門，聲音單調地對他們說：「我是吉米・卡特，請準備再來渡過內容同樣無聊，而且令人厭倦的十個小時吧！」

如此過了十三天，沙達特和貝京再也支持不下去了，心想只要不影響自己的前途，乾脆早點簽字，好離開這個鬼地方。

《獨立宣言》簽字之快，以及中東和談協議的順利簽署，環境是一個不可忽視的因素——選擇在馬廄隔壁和大衛營做為談判簽字的地點，就是逼迫雙方求大同存小異，儘快成交的方式。

一般選擇談判的環境，總是以風景名勝為多，而且房間具備起碼的條件，寬敞、明亮、通風、隔音良好和氣溫宜人；假如談判代表有特殊愛好或任何忌諱，房間的佈置上就要有一定的配合度。

至於枯燥惡劣的環境，有時之所以理想，是因為優美的環境往往使人流連忘返，惡劣的環境則使人想儘快尋求解脫。如此的願望，可以促使雙方代表為了達成協議，而加倍努力，儘速結案。

從上述例子我們可以看出，談判前擬定的計劃中，選擇談判環境和地點的準備工作十分重要，因為，這具有促成談判儘速達成協議的特殊催化力。

從這裡可以看出，傑弗遜和卡特兩位總統，分別為各自進行的談判，預先設計的計劃是何等周密細微，真可謂煞費苦心。同時，這也給了談判者一種激勵的啟示：談判預測的推演準備，對談判成敗或效果的優劣，事關重大。

兩面手法是最有效的方法

談判一方的代表中，先由一位固執己見的頑強角
色出來扮黑臉，然後由另一位通情達理的好人出
來唱白臉，是一種常用的有效策略。

霍華‧休斯是美國的大富豪之一。他的性情很古怪，又容易
發怒，有一次，爲購買大批飛機，而與一家飛機製造廠展開談判。

在談判開始之前，休斯列出了三十四項要求，其中有幾項是
非達到不可的條件。

當休斯與這位飛機製造廠商談判時，又爆發了往常那種暴躁
的牛脾氣，態度極端強硬，致使那位廠商非常氣憤，整個談判氣
氛充滿了強烈的對抗意味。

談判雙方都堅持自己的立場，互不相讓，斤斤計較，於是談
判陷入僵局。

這一輪談判下來，休斯意識到自己蠻橫的態度，已使對方忍
無可忍，不可能再和對方坐在同一張桌上進行談判了。因此，他
便選派了一位性格溫和，又很機智的部屬做爲他的代理人，繼續
和飛機製造廠商談判。

他叮囑這位代理人說：「只要能夠爭取到那幾項非得到不可
的要求，我就心滿意足了。」

休斯的談判代表跟飛機製造廠商經過一番談判，出人意料的

爭取到休斯所列的三十四項要求中的三十項，而這三十項中當然
包括那幾項必須達到的條款。

這樣順利的談判令休斯很驚奇，於是他連忙問代理人，到底
是用什麼方式贏得了這場談判。代理人回答說：「這很簡單，因
為每次談到僵持不下時，我就問對方：『你到底是希望與我解決
這個問題，還是留待霍華‧休斯來和你們解決？』結果，對方無
不接受我的要求。」

談判一方的代表中，先由一位固執己見的頑強角色出來扮黑
臉，然後由另一位通情達理的好人出來唱白臉，是一種常用的有
效策略。因為，對方無法接受黑臉的頑固態度，又不能對幫自己
說話的「好人」產生反感，從而撤除了心理上的警戒線。

我不是教你壞

電腦和人一樣，都適用「彼德原理」。如果它的工作成
效很好，就可能晉升擔負更多的職責，直到它達到不能
勝任的層級。
　　　　　　　　　　　　　　　——勞倫斯‧彼德

別把自己的想法寫在臉上

當你退讓時，至少要從對方那裡得到相當價值的
回應。若要確定對方的回報是否實際，必須自問
一個問題：對方的退步對達成協議有否價值？

〈麻雀變鳳凰〉的電影裡有這樣一段情節：有錢的生意人李
察·吉爾走進應召女郎茱莉亞·羅勃茲的浴室，對她說：「週末
以前，我都會留在這裡，希望妳整個星期日都陪我。」

茱莉亞·羅勃茲從浴缸中伸出頭來說：「你說的是一天二十四
小時整天的工作，這可是會花你不少錢呢！」

李察·吉爾要她報個價，她心裡盤算了一下，說：「四千美
元。」

「不可能。」李察·吉爾說：「二千美元。」

她討價還價說：「算三千美元吧！」

李察·吉爾立即做出讓步，毫不猶豫的說：「成交。」

茱莉亞·羅勃茲得到了比預期更高的價格，興奮的把頭埋進
水裡，然後露出水面，坦誠的歡呼：「我原來打算只要二千美元
就成交的。」

李察·吉爾一聽到她的歡呼，就慢慢的回過頭來說：「就算
是四千美元，我也會付的。」

茱莉亞·羅勃茲白歡喜一場，但話已傳到了對方耳朵裡，無

可更改，只好自認倒楣了。

無論在哪種類型的談判中，千萬要學會深藏不露。比如雖然達成口頭協定，尚未正式簽約前，如果你對談判結果喜形於色，對方就會懷疑自己吃虧太大，從而推翻口頭協定，重新談判。

又例如，我們在購物時，完全是憑口頭協議進行買賣，只要未一手交錢、一手交貨，交易就可能隨時告吹，如果你把心中的想法一覽無遺的表現在臉上，豈不是要壞事了？

因此，談判的時候，往往會因為達成了某些交易，卻失掉其他機會。有時得到的會比預期來的多，但大多數時候，得先做出較大的讓步。

在談判中，是一點一點的讓步，還是把它們捆在一起一次拋出去？

有人認為，前者能換回最大的代價。可是這樣的方式，可能會做出不該給予的讓步。談判中的討價還價，一般而言雙方都不願意在細小專案上輕易讓步，因為既耗時又費力，並且增加對立情緒，以致造成交涉的徹底破裂。

一點一點退讓還可能造成你已經被逼到死角，而對方卻一再努力施壓，因為不知底細的對方，不知你的底線在哪裡。相反的，把讓步一次拋出的方式，可使雙方都能避免談及自己的難處。

然而，要確立讓步的策略，還得根據談判的情形而定。

如果對方的報價已相當接近你的期待值，就可以用一次讓步的方式，以求速戰速決。否則，就該考慮採用漸進式讓步，使對方一點一點的向己方期待值靠攏。

但不管在任何情況下，最實用的策略，還是先試著與對方進行一次讓步，並保留一些可以再讓步的空間。這樣可以在達成協

議中碰到障礙時，保留一些空間來解決問題。當你退讓時，至少要從對方那裡得到相當價值的回應。但是，你所得到的回報可能是表面的，而沒有多少實質優惠，甚至是海市蜃樓的幻影。

若要確定對方的回報是否實際，必須自問一個問題：對方的退步對達成協議有否價值？因為，雙方都力圖達成對自己最有利的交易，總想越少讓步越好。

雙方也都知道，談判中做出某種讓步是必要的，因此，往往都會把目標定得很高，初步同意的讓步只是最不重要的部分。

這一步也許是虛妄的，僅僅意在表示己方的誠意而已。

但千萬不要答應超越談判計劃規定的讓步。若是對方尚有退步餘地，而你已退到了期待值的臨界點，那就麻煩了。

避免方法之一，就是不要輕易讓步，而須經過一番搏鬥，才能顯示出這一點讓步的珍貴。

當然，到了雙方都須做最後讓步時，還有可能成為對方無謂讓步的犧牲品。這得靠智慧和遠見來加以避免。

第二個自問的是：對方讓步所要求的回報是什麼？也就是說，對方的居心何在。

在讓步交換上是否取勝，在很大程度上決定這筆生意做得好壞；常見的陷阱，就是一對一的交換。如果對方的出價離自己的目標很遠，這樣讓步交換下去，就不堪設想了。

例如，你自己預設的最高出價為二十萬元，對方提議把他的最後開價三十萬元和你最後的出價十五萬加起來打對折，結果你最後給付金額就會變成是二十二萬五千元。這樣的等值交換可能使你受損。有鑑於此，應該注意對方的讓步距離你的目標還有多遠，而別拘泥於等值交換的形式。

PART
11

慢慢敲竹槓，使對方一讓再讓

先將對方價格壓到最低，
再一步步提出各種小小的要求，
讓對方總感覺到只差一點點就成交，
直到最後簽下合約時，
已在不知不覺中喪失不少利潤了。

膽識，是成功的要素

面對同類產品降價銷售、搶攻市場佔有率，出其不意的強勢脅迫，霍布萊因公司並不是在談判桌上鬥個你死我活，而是在顧客心理上開闢戰場。

　　美國霍布萊因公司生產的斯米爾諾夫伏特加酒，素享盛名。但在二十世紀六○年代，它曾經受到一次嚴峻的考驗。

　　當時，霍布萊因公司的伏特加酒每瓶售價一美元，另一家酒廠則以每瓶低於一美元的價格，推出了同類產品，一下子打入了市場。

　　面對不利形勢，霍布萊因公司沒有針鋒相對的與對方打一場價格戰，他們認為公司的產品聲譽好、銷量大，倘若貿然捲入了價格戰中，既損害了公司形象，又會造成巨額損失。

　　但是，面對競爭對手挑起的價格戰，又不能視若無睹。於是，霍布萊因公司一面與競爭對手談判，一面密謀因應策略。

　　但是，談判沒有達成任何協定，因為競爭對手已經做好孤注一擲的準備。他們要贏得市場，似乎沒有第二條路可走，所以堅決不答應霍布萊因公司的條件——割讓一小塊市場，而這個市場還在偏遠地區；他們要的是霍布萊因公司割讓半壁江山。

　　霍布萊因公司其實心裡知道難以達成協議，卻仍抱持著誠心和信心進行談判。另一方面，該公司做出了異乎尋常但極為出色

的決策，把斯米爾諾夫伏特加售價調升至二美元。

結果令人吃驚，消費者認為高價必是好貨，因此，斯米爾諾夫伏特加銷量絲毫未受到影響，反而逆勢上揚。

這一策略徹底粉碎了對方在談判桌上咄咄逼人的攻勢。這是一場在談判桌外的較量，比在談判桌上針鋒相對更具戲劇性，當然也更有效果。

霍布萊因公司面對同類產品降價銷售、搶攻市場佔有率，出其不意的強勢脅迫，並不是在談判桌上鬥個你死我活，或是展開價格戰，而是在顧客心理上開闢戰場。

降價，給顧客的形象是貨質不佳的便宜貨，並且又由於是新上市的伏特加，沒有知名度，而霍布萊因是個聞名已久的老品牌，酒的品質廣為人們肯定，它的漲價給人們兩種暗示：一是品質在原有基礎上有所提高，不然不會漲價；二是與對方拉大價差，抬高了身價。

對方脅迫霍布萊因公司讓出半壁江山的目的沒有達到，是因為霍布萊因採取了出人意料的高明策略。

另外，莎士比亞的名劇《威尼斯商人》中，有個有趣的情節，也可以供我們談判之時參考。

安東尼奧向夏洛克借了三千金幣。夏洛克提出的條件是，如果到期不償還，就從安東尼奧身上割下一磅肉來償還，二人並立下字據。

還債時間到了，安東尼奧卻無力償還，夏洛克執意要從他身上割下一磅肉，並告到了法院。鮑西亞扮成律師為安東尼辯護，她對夏洛克說：「你得請一位外科大夫，免得他流血過多，送掉

性命。」

夏洛克為了報復安東尼奧，非置他於死地不可，於是說：「但是，借據上並沒有這一條。」

鮑西亞說：「借據上寫的是一磅肉，並沒有寫說要給你任何一滴血。也就是說，割一磅肉時不能出一滴血。夏洛克，你就準備割肉吧，但是當心別讓他滴出一滴血來。還有，你割的肉不能超過一磅，也不能少於一磅。要是你割的肉比一磅多一點或少一點，就得按威尼斯的法律，判你死罪，財產充公。」

要做到割一磅肉而不流一滴血，而且要不多不少，任誰也辦不到。鮑西亞並未與夏洛克正面抗衡，而是憑著過人的膽識，冷靜的邏輯思考，解救了安東尼奧。

保守秘密，就立於不敗之地

> 機智伶俐的談判者，善於揭露和評估任何有關對
> 方的情報。揭露是刺向對方弱點的法寶，評估是
> 與自己的期待相比較。

有一次，中國外銷業務員到英國，與當地皮草商進行貂皮交易談判。

談判中途休息時，服務員送來精心烹煮的咖啡，大家一邊喝著，一邊無拘無束的交談。有位英商湊到中方陪談人員身邊，遞菸搭訕，問道：「今年貴國貂皮產量比去年好嗎？」

「不錯。」中方陪談人員隨便應了一聲。

英商又緊盯著陪談人員問：「如果，我想買十五萬到二十萬張貂皮，貨源應該不成問題吧？」

「沒問題。」中方陪談人員仍然不經意地回答。

不到一支香菸的工夫，這位狡猾的英國皮草商早在不知不覺中摸到了中方的重要商業情報，並據此設下了圈套。

英商掌握了中國貂皮生產情況後，便提出向中方訂購五萬張貂皮的數量，出價比中方開出的價碼還高百分之五。

中方談判代表沒想到這是對方在玩弄花招，反而認爲英商提出高價搶購，是爲了擠垮別的競購對手，達到壟斷貨源、獨家經銷的目的，因而，爲這個理想價格而暗自欣喜。

　　然而，事隔兩天，英國其他採購商紛紛向中方反映說，有人以低於中方的價格，在英國市場上拋售中國貂皮。

　　這時，中方談判人員分析貂皮業務談判的前後經過，才恍然大悟，原來那位英商故意提高百分之五的價格，用意在於捆住中方人員的手腳，讓他們以此為目標價格，進而拒絕與其他出價較低的英商談判。因為，他出的價格較高，其他採購商就不敢問津了。

　　就在這個時候，那位掌握了中國貂皮生產情報的英商，趁著中國貂皮價格居高不下之際，以低價在英國市場迅速拋出本身的存貨，此舉不但紓緩自己的庫存壓力，也使得中方的貂皮嚴重滯銷。

　　這位英商掌握了中方的有用訊息後，以聲東擊西的手法，轉移中方的注意力，私底下卻悄悄地實現自己的預期目標。可見，保護己方情報，是絕不可小覷的。

　　日本一位種植金瓜的農人向瓜販兜售他的果實，開價五元一斤。瓜販覺得太貴，但不知對方的底價是多少，於是說想考慮一下，改日再談。

　　因為這種進口瓜種，在日本尚屬稀有，瓜販走遍瓜市，才找到一個賣金瓜的人，售價也是五元。瓜販不信邪，發誓一定要挖出金瓜農人底價。

　　後來，他終於摸清了金瓜的底價是三元一斤。

　　雙方進行談判時，瓜販出價一斤三元，瓜農一口拒絕。瓜販於是說出他得到的情報，據理力爭。瓜主見對方有備而來，於是口氣軟了下來：「賣你三元一斤沒問題，但是，你不可以進別家

的金瓜。」

　　利用許多方法可以得到有用的情報，例如，向市場價格管理
部門諮詢、雇請調查員、與具有相關專業知識的人交談……等，
當然也可以透過仲介業者打聽。

　　搜集情報還有個最重要的方法，就是在談判前和談判進行中，
從對方的談話中獲知，並瞭解對方知道自己的事有多少。

　　機智伶俐的談判者，善於揭露和評估任何有關對方的情報。
揭露是刺向對方弱點的法寶，評估是與自己的期待相比較；揭露
和評估有利於增加己方在談判時的籌碼，保護不利於己的消息。

　　但在向對方發問時，不能使用欺騙的手段，否則，損害彼此
的信任後，就得不到重要情報，甚至對方會築起懷疑的高牆。可
是，也不要害怕向對方提出深入的問題，最壞的可能，只是被告
知：「無可奉告。」然而，從這句話的本身，也可以推論出具有
價值的情報。

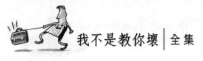

具備應變能力才能化險為夷

應變能力是談判者必備的條件，惟有具備應變能力，才能隨機發揮創造力，並且化險為夷、戰勝一切。

　　W國派駐紐約的A先生，奉命採購二千噸洋蔥，但是國內的總公司突然來電，命令取消訂單。

　　這批洋蔥是A先生走訪了美國各地後，以非常便宜的價格買下的。誰知道國內今年風調雨順，五穀豐收，洋蔥生產過剩，價格暴跌。

　　A先生想到自己為採購這批洋蔥所經歷的辛苦時，忍不住抱怨公司的命令來得太晚。但冷靜思考之後認為，如果把這批洋蔥運回國，非得降價求售不可，恐怕血本無歸，站在交易立場上，非得取消訂單不可。

　　問題是，如果A先生憑藉著一股傻勁，向對方低頭道歉說：「對不起，我不得不取消訂單。」對方一定會要求大筆賠償金，因此，他並沒有選擇這樣做。

　　他細心搜集了許多美國洋蔥市場的情報，得悉洋蔥價格較先前上揚許多，因為在美國採購洋蔥的廠商太多，在供不應求的情況下，導致市場價格飆高。

　　A先生心生一計，於是故意前往供貨公司說：「其實，這批

貨在美國銷售比運到我國更有利可圖，最近有不少美國同行向我探詢這批洋蔥呢。所以，我臨時決定取消運回我國的計劃，而在美國販售。」

　　對方聽了立即說道：「如果要賣給別人的話，不如賣回給我好了，即使彌補差額也沒有關係。」

　　就這樣，Ａ先生反而意外地為公司賺了一筆價格上揚的差額。

　　正因為Ａ先生能夠準確判斷市場的實際情勢，善用談判手腕，才能達成公司的要求。

　　若是Ａ先生心裡認為公司的要求不合情理，並且抱著這樣的心態進行交涉，提出取消訂單要求的話，對方必定獅子大開口，狠狠罰他一筆違約金，又哪來的差額可賺？

　　所以，在與對方交涉的過程中，無論內容如何，首要條件就是自己必須先接受這樣的內容，否則，便無法去面對對方。尤其是Ａ先生派駐海外，國內公司的命令，往往會被認為是無視當地實情的胡亂指揮，這更會造成公司與員工之間的陰影。

　　然而，公司命令的變更，無非是為了守住公司的利益，因此，即使認為「這真是不近情理」時，仍必須調整心態，並說服自己接受。

　　應變能力是談判者必備的條件，惟有具備應變能力，才能隨機發揮創造力，並且化險為夷、戰勝一切。

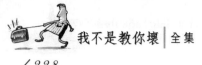
不要藉機發洩自己的不滿情緒

紐約大學精神病學副教授諾曼說：「上司要考慮
的事情已經夠多了，因此，如果你不能提供有效
的解決辦法，至少也得提出處理問題的建議。」

文藝復興時期的大藝術家達文西說：「鐵不用就會生鏽，水
不流就會發臭，人的智慧不用就會枯萎。」

在這個腦力競賽的時代，唯有懂得運用智慧的人，才可能為
自己創造出無可比擬的競爭力，並且不露情緒地爭取自己應有的
權益。

企劃部經理向董事長奎爾提出加薪的要求，於是奎爾仔細分
析這位經理之所以在此時提出加薪的原因、合理的根據，以及自
己能夠滿足對方要求的可能性。

加薪需要考核這位經理的業績，如果他在這個部門中做出了
特別的成績，或是分內外的工作也做了不少，就應該肯定他加薪
要求的合理性，然後按照公司的規定來核發加薪的數目。

企劃部經理能否如願以償，關鍵在於奎爾決定後的反應。

經理既然有此要求，自有他的正當理由或根據，譬如合約上
的明確規定。同樣的，如果奎爾不想幫經理加薪，他當然也能找
到諸如合約上沒有的規定，或是沒有先例……等理由。

做為老闆，就算不想滿足對方的要求，也不能讓對方覺得你是有意不成全，因而產生彼此間的嫌隙，應該「曉之以理，動之以情」，讓對方在適當讓步中，理解自己的想法。

相對的，對老闆有所期待的企劃部經理，首先是不要有過激的言行，通情達理的對待加薪一事，瞭解老闆與自己雖然各從不同角度來考慮這件事，但都希望彼此能獲得更多利益。

奎爾進一步考慮到為對方加薪，對自己的好處：這位經理是個工作積極、企劃方面很有創意的能幹青年，公司仰賴他有很大的發展，為他加薪對公司絕對有利，但加薪幅度必須和他所能創造的價值相平衡。

明白了這個道理，奎爾知道該怎麼做了。

另一方面，在經理的立場上設想，提出加薪要求需要考慮被拒絕的危險，所以要有幾種準備：如果被拒絕，那麼要辭職或繼續做下去？

如果一時之間很難找到比這裡更好的工作，留下來是明智的選擇，相信公司對有貢獻的出色人才，會考慮加薪的問題，因此日後必須將重點放在提高自身素質上。如此一來，外面的發展機會也會相對地多。

理清思路後，經理可以考慮加薪額度。

如果說：「我希望月薪能夠增加一萬元。」老闆可能會冷笑兩聲不予理睬，或乾脆炒你魷魚，因為太過於脫離現實了。

最好根據公司一般工資水準，加上物價漲幅因素、工作業績，提出令人信服的數字。提出前，更要看準時機──老闆的心情、時間、地點及營運狀況。

　　心理學家史密斯在教人如何爭取加薪時說：「如果來勢洶洶，只會使你的上司大發雷霆，所以，首先要做到心平氣和。」

　　另外，不要把對公司的不滿情緒藉機發洩，否則就會如同某位公司董事長所說：「如果一個員工對公司的一切都消極不滿，那上司就會覺得，要讓他滿意是難乎其難，甚至認為，我們最好就讓他離開好了。」

　　再者，這位經理應該寫一分加薪建議書，請老闆慎重考慮。

　　紐約大學心理學副教授諾曼就曾說：「上司要考慮的事情已經太多了，因此，如果你不能提供有效的解決辦法，至少也得提出處理問題的建議。」

　　對於一分經過反覆考慮而且言之有理的加薪建議，一般而言，公司接受的可能性就比較大。

不要被頻頻傳送的好感誤導

期待是貫穿談判過程的根本原則，是談判利益的
體現。根本方向走錯了，期待自然永遠到達不了
彼岸。

一九八〇年初期，位於大西洋海岸的墨西哥某大城市，有個
興建鋼鐵廠的大型工程，參加競標的是德國、義大利和美日合資
三大公司，三方都對這個具有上百億利潤的鉅額計劃案垂涎欲滴。

經過連日磋商協議，美日合資公司自覺中選有望。

類似這等整體大工程，在簽約之前必須先送出完整的計劃書，
以取得對方信賴。

美日合資公司於是花了整整一個月時間，做出了計劃書，帶
著技術文件一起前去會見對方。墨西哥代表喜出望外的說：「這
真是一分了不起的計劃。」

墨西哥代表欣喜的表情，使美日公司代表確信這樣完整的計
劃書，德、義兩國公司絕對做不出來，真可說是勝利在望。

墨西哥代表對美日公司表示好感，對他們提出的意見也頻頻
表示肯定，墨西哥的談判負責人與美日公司代表會面時，都會拍
著他們的肩膀，緊握他們的手，以此表示信任。至此，彼此幾乎
已經互相默認了合作關係，只差還未簽約。

可是在最後關頭，墨西哥方面卻突然提出：「可否再稍微降

價？」

雖然墨西哥方面提出的降價幅度並不大，只是，美日公司認為，整個事件進展到目前階段，就只等合約訴諸文字了，沒有必要再談降價問題。美日公司於是拒絕了墨西哥方面的要求。

美日公司認為，先前提交的計劃書得到對方的賞識，拒絕降價只是芝麻蒜皮的小事，隔天一定可以順利簽約，於是懷著「非我莫屬」的樂觀期待，在餐廳預先舉行慶祝宴會。

美日代表舉杯慶賀，興奮地高呼，氣氛非常熱烈。

這時，只見德國公司的代表，坐在對面桌上，朝他們揮揮手，一副幸災樂禍的模樣，神秘地微笑著。一絲不安掠過美日公司代表的心坎：「合約該不會被德國拿去了吧？」慶祝宴會因此蒙上了一層陰影。

隨即，美日公司代表自大地認為自己是杞人憂天，因為德國公司不管怎麼說也沒理由搶走合約，於是仍通宵達旦的開懷暢飲。

次日十點多鐘，美日公司代表匆匆抵達對方辦公室時，墨西哥方面的承辦人員老實不客氣地說：「真是非常抱歉，我們已經和德國與義大利的公司簽約了。」

這不啻是個晴天霹靂，震得美日公司代表目瞪口呆地杵在原地。

原來德、義公司也同樣提交了一分厚實完整的計劃書，美日公司的穩操勝算只是一廂情願的想法。

原來，墨西哥人無論同意或不同意，一律以「是」來回答，而絕不會說「不」，這是墨西哥的民情。而美日公司代表聽到親切的「是」，就以為交涉順利，如果一開始就知道這種情況，便不會陶醉在勝利的喜悅中，而得到慘敗的結果。

　　美日公司最後之所以會功虧一簣，就在於這種頻頻傳送好感的「是」，誤導了他們的期待。

　　期待是貫穿談判過程的基本原則，是談判利益的體現。基本方向走錯了，期待自然永遠到達不了彼岸。

　　富有談判經驗的老手，慣常把所要確定的目標，分為三個層次：

　　一、預期達成的目標，在必要時可以調整甚至放棄。

　　二、著重達成的目標，一般只有在十分無奈情況下才考慮改變。

　　三、必要達成的目標，毫無改弦易轍的餘地。

　　在預測基礎上確立的談判目標，是期待的談判結果，並又以這個基礎制定談判決策。沒有目標的談判是不存在的，而且，目標選擇是否準確，與談判成敗的關係緊密相連。

　　目標的確立不能隨便，但可以是單一的。

　　目標的達成程度可以是計量、有時限、責任明確的。它還可以有主次之分、輕重緩急的次序排列；必須達成的是重點目標，希望達成的則是次要目標。

如何才能使對方改變強硬的主張？

當對方提出強硬主張時，不立即表示拒絕或苟同，只把它做為一種條件，而將目光放在對方立場背後的利益上，找出原則依據，然後考慮如何使對方自行改變策略。

不論哪種形式的交涉，都可能出現相持不下的情形。在對峙的氣氛中，應該耍點心機，儘量運用「柔性應付法」來化解彼此之間的摩擦，進而軟化對方的強硬主張，千萬不要冷嘲熱諷、針鋒相對。

一九七○年，一位美國律師，獲准與埃及總統納賽爾研討有關阿拉伯國家與以色列的衝突問題。

律師問：「總統先生希望梅爾夫人採取什麼樣的行動呢？」

「撤退。」納賽爾總統答得斬釘截鐵，沒有迴旋餘地。

律師又問：「要她撤退？」

「是的，從阿拉伯領土上完全退出。」納賽爾總統的立場仍然如鋼鐵般堅定，絲毫不見鬆動。

律師進一步問道：「可是，你並沒有給對方什麼代價，卻要她完全退出，這樣的要求行得通嗎？」

納賽爾總統搬出強硬的理由：「當然，因為那是我們的領土，

以色列原本就應該無條件歸還。」

「如果明天梅爾夫人在以色列媒體前宣佈：『我代表所有以色列人宣佈，我國將從一九六七年以來所佔領的土地，包括西奈半島、迦薩走廊和戈蘭高地全部撤退，儘管我們沒有得到阿拉伯國家的任何讓步』，那麼，情況會變成怎樣？」

律師針對納賽爾的固執，搬出超乎現實的假設，尋求他的看法。

納賽爾不禁大笑起來，說：「如果她真這樣說，第二天就得下台！」

納賽爾總統透過與這位美國律師的談論，隨即意識到自己堅持的立場不夠實際而必須加以調整，終於為日後促成埃及接受中東停戰協定的簽訂，預鋪了道路。

這位美國律師之所以能讓以強悍聞名的納賽爾總統接受自己的觀點，是他巧妙的運用了柔性應付手法，避免與對方直接衝突。

當對方提出自己的強硬主張時，並不立即表示拒絕或苟同，只把它做為一種條件，而將目光放在對方立場背後的利益上，找出其原則依據，然後考慮如何使對方自行改變策略。

這個策略就是讓納賽爾總統設想梅爾夫人的處境，促使他瞭解對方的心態。

說服的方法很多，不可拘泥於形式，必須根據特定事態、特定環境、特定人物，選擇特定的說服方式。

慢慢敲竹槓，使對方一讓再讓

先將對方價格壓到最低，再一步步提出各種小小
的要求，讓對方總感覺到只差一點點就成交，直
到最後簽下合約時，已在不知不覺中喪失不少利
潤了。

■ ■ ■

　　爪哇島要修建一座新的發電廠，實行公開招標。工程中需要
一台大型發電機，當時世界上只有五、六家公司能製造，這些製
造商紛紛透過印尼的代理人，展開爭取政府訂單的競爭。

　　德國製造商的代理人用盡各種方法接近政府官員，最後竟然
發現自己沒有在競投之列。這位德國製造商的代理人不明白，一
直以高品質產品著稱的德國公司，怎麼會敵不過英、法、日、美
公司呢？

　　可是過了不久，印尼採購官員在收到諸國競爭者的報價後，
主動約見德商代理人，並要求代理人信守秘密。

　　德商代理人承諾後，採購官員便把競爭對手的報價單給代理
人看，對他說：「如果你能提出一個比最低報價還少百分之十的
報價，就有可能得標。」

　　採購官員真正想得到的是德國設備，因為它的品質極佳。如
果一開始讓德國投標，他可能會提出一個極具競爭力的價格，但
不是最低價。

因為德國公司向來以精密成本計算出不低的價格，當這樣的價格一經報出，再要更改就很難，因為他們得標後，不樂於對價格做太大的修訂。

採購官員的方法，就是讓對方一開始的報價降低，並拿捏出一個既符合印尼政府要求，又可能是德商能接受的期望值。

德商代理人為達成這筆巨額生意感到非常興奮，把已決定的價格報告德商。德商面對這既具吸引力而又不好做的生意，難以下決定。

代理人眼見面臨失去訂單的危險，於是削減自己的傭金，促使價格降低，並提交一分比其他競爭者的最低價，大約低百分之十的估價表。

但是，採購官想敲代理人的竹槓，對估價表無動於衷，也不接代理人電話，更不約見他。於是，代理人一度情緒低落，以為已經丟掉了這筆交易。

最後，代理人得到採購官約見。採購官表明昨晚收到另一家公司的估價表，比德國公司還低百分之二點五，如果德國公司能把價格再降低百分之三的話，就可以將合約交由政府批准。

因為當時國際市場上，大型發電機的銷路並不好，於是德國公司同意把價格再降低百分之三。

代理人帶著新估價表與採購官開會，採購官說如果沒什麼意外，政府打算與德國公司達成交易，並說改日將討論支付條件。

德方代理人問：「什麼支付條件？」

採購官說：「要用分期付款的方式支付。」

採購官認為，在目前通貨膨脹率和利率較高情況下，德方必須答應這一要求，並說其他競爭對手都是採用同樣支付方式，否

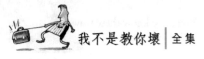
則，光談價格條件就沒有意義了。

　　其實，這是採購官再敲德方一筆的手段。德商在德國政府貸款幫助下，同意提供整整十八個月的信貸，這是個很大的讓步。

　　採購官把德方逼到了極限，可是在即將簽約時，他又打出了最後一張牌：「政府暫時不再需要長期信貸了。不過，如果貴公司能把估價表上信貸的利息扣除，挪來做為額外折扣的話，我願意讓合約立即通過。否則，我擔心日本、美國的公司會乘機……」他製造競爭假想敵的最後一招，雖然沒有獲得全部利息折扣，但也獲得了要求的一半。

　　採購官先將對方價格壓到最低，再一步步提出各種小小的要求，讓對方總感覺到只差一點點就成交，直到最後簽下合約時，已在不知不覺中喪失不少利潤了。

摸清辦公室裡的相處之道

自命清高的人，

往往就是辦公室裡惹人討厭的傢伙，

由於不懂得應對進退之道，

最後終將在劇烈而又爾虞我詐的競爭中失敗。

怎麼和上司交談最妥當？

透過察言觀色去瞭解上司的個性，並不是代表著
曲意迎合，而是運用心理學讓自己事半功倍的應
對方式，使自己在升遷過程佔得先機。

在職場想要出人頭地，除了必須掌握做人做事的基本原則之外，如何與上私交談是個重要的關鍵。

一個優秀的下屬只要能瞭解上司的個性，以尊重和謹慎的語氣，選擇有利時機，保持不卑不亢的態度跟上司交談，那麼必定能與上司進行成功的互動，對自己的日後升遷大有助益。

一般說來，人在與自己熟識的同事、同學、朋友或是下屬說話的時候，表現都會比較正常，行為舉止也會比較自然、大方，但是，與比自己身分、地位、職位較高的人交談之時，心裡就可能感到緊張，表現得較拘謹、不自然，也因此常常犯下不該犯的失誤。

譬如，有的人因為有所顧忌，不敢在自己的上司面前暢所欲言，以致於時常脫口說了一堆不知所云的廢話，但是在自己的下屬面前講話，則可以思路清析、條理分明地侃侃而談。

又譬如，有的人在一般人面前總是擺出一副自信能幹的架勢，可是一見到有權有勢的人就顯得十分馴服，一副唯唯諾諾的模樣。

　　如果你也有這種毛病，那麼記得以後和上司說話時，要避免過分膽怯、拘謹、服從，不要用唯唯諾諾的態度講話，而要儘量以生動活潑的語言和沉著自信的態度來表現自己的看法。

　　說話時候的態度和內容，不僅會影響上司對你的觀感，有時還會因此影響你的工作和前途。

　　此外，跟上司說話時，態度一定要尊重、謹慎，但不能一味奉承迎合，因為這種卑微的姿態只會損害自己的人格，根本得不到應有的重視與尊敬，更可能引起上司的反感和輕視。

　　其實，只要你擁有超過一般同事的才華與能力，能以不卑不亢的態度跟上司交談，而且在工作上能夠敏銳快速地根據事實與理論，表現自己獨到的觀點，反而更能獲得上司的賞識。

　　再者，掌握上司的個性也是一個重要的課題。

　　必須記住，層級再高的上司也是平常人，也有個性、愛好與生活習慣……等。例如，有的上司的性格十分爽快、乾脆，會直接表達自己的好惡，有些則顯得沉默寡言，凡事思考再三，不輕易將自己的想法說出，因此，面對不同性格的上司，要有不同的應對方式。

　　透過察言觀色去瞭解上司的個性，並不是代表著曲意迎合，而是運用心理學讓自己事半功倍的應對方式。

　　當你清楚自己的上司是怎樣的人時，懂得順著他的慣性思考去談論事情，往往能順利得到他的認同，使自己在升遷過程佔得先機。

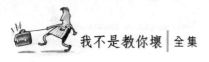

除此之外，與上司談話還要選擇最恰當的時機。

因為，上司從早到晚要考慮的問題、要下決定的事很多，所以，千萬不要笨到他正在處理重大事情時，提一些瑣碎的事務去打擾他，應該根據問題的重要與否，選擇適當時機加以反應。

我不是教你壞

我相信，耶穌基督今日在世的話，肯定是一個全國性的廣告主。他在他那個時代就是一個大廣告主，他把他的一生看作一個事業。
——布魯斯‧巴頓

放下架子，才能讓部屬變成墊腳石

不管下屬多麼愚蠢，發生什麼過失，你都要放下
架子，忍下心中的怒氣，這樣下屬才會向你敞開
心扉，成為你更上一層樓的重要助力。

上司與下屬之間的談話，也是辦公室裡重要的交流活動，只
有雙方在思想和感情上得以順利溝通，才談得上成功的交流。

如果你是一個部門主管，在與下屬談話之時，要儘量避免以
自鳴得意或是命令、訓斥下屬的口吻說話，否則，萬一下屬心生
怨懟之餘挾怨報復，暗中扯你的後腿，你得意的日子恐怕不會太
長久。

正確的做法是，不管下屬多麼愚蠢，發生什麼過失，只要不
到叫他捲鋪蓋走路的程度，你都要放下架子，忍下心中的怒氣，
以心平氣和的方式對待他們，這樣下屬才會向你敞開心扉，成為
你更上一層樓的重要助力。

如何傳達自己的意思，讓下屬覺得你是一位英明果斷的上司
呢？除了談話內容必須言之有物之外，還得透過語氣、語調、表
情、動作……等方式來表現，讓他們確實明白你的想法和工作目
標。

不要以為這是屬於個人習慣的小細節，不會影響到你與下屬
的交流、互動，實際上，這往往關係到下屬是否敢與你接近，是

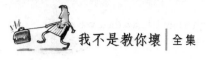
否會成爲你忠實的工作夥伴。

此外,即使再生氣,像「你們到底在搞什麼鬼?」「有像你們這樣笨的人嗎?」這類傷人的話語或口氣,都不應該脫口而出,這些惡言惡語只會製造彼此的裂痕,拉大彼此的距離。

當你在發表評論時,也應當掌握好分寸。因爲,即使你只是不經意地點個頭或搖個頭,也都會被下屬認爲這代表著你的觀感,所以,輕易的表態或過於絕對的評價,都容易造成彼此溝通的失誤。

因此,當下屬進行工作彙報時,身爲上司的你只適宜提一些問題,或說一些一般性的鼓勵話語,像「這個構想很好,可以多參考其他人的意見」「繼續加油,等有了具體的結果,我們再做深入討論」……等等。

如果你覺得下屬的工作彙報有所不妥時,表達更要小心謹慎,盡可能採用勸告或建議性的措詞:「這個問題能不能有別的看法,例如……」「不過,這是我個人的意見,你們可以參考參考」「建議你們看看最新資料,看看有什麼辦法?」

因爲,這樣的話語能達到激發作用,較容易被對方接受。

我不是教你壞

如果你搭乘的火車駛在錯誤的鐵路上,你所到達的每一個車站,都是錯誤的車站。 ——伯納德‧馬拉莫德

求職失敗，要調整自己的心態

求職失敗往往會讓人感覺失落或受到傷害，或是
氣惱別人沒有慧眼識英雄的眼光。千萬不要沈緬
於自憐自艾，應該再接再厲。

在求學時代，當學校舉辦某些活動的時候，你有沒有過到了
最後時刻，才被挑選參加活動的經驗？

如果有的話，你應該會很熟悉那種等待被選中的感覺。

不管是剛要開始就職，或是想要轉換跑道，參加面試的時候，
一般人都會有同樣忐忑的心情，求職失敗的時候也免不了產生失
落的挫折感。

或許，你相當期待自己會獲得這項工作，然而在競爭激烈的
職場，往往事與願違，最後你可能接到一封抱歉的回函，宣告你
沒有被選中。

求職失敗往往會讓人感覺失落或受到傷害，或是氣惱別人沒
有慧眼識英雄的眼光。如果一遍又一遍的面試都被拒，那就更加
難堪了。

這個時候，千萬不要沈緬於自憐自艾的日子，應該儘快整理
自己失落的情緒，然後設法再接再厲。

如果你能保持樂觀的想法，設法提高自己的面試技巧和競爭
力，最終你一定會得到自己想要的理想職位。

如果你十分渴望到某家公司工作，遭到拒絕的命運之後，不妨厚著臉皮，誠懇地給他們寫一封信，表達你心中有多麼失望，並具體列出你所有的優點和專長，讓他們知道，一旦發生這個職位發生了變化，或是有其他相關的工作機會，你仍然渴望到他們公司工作。

或者，如果你覺得還有希望的話，也可以鼓起勇氣，試著打電話和負責面試的人談一談。有時候，你可以找到願意給你若干意見的人，談談你的面試的時候失敗在哪裡，或者哪些地方需要再加強。

不要覺得不好意思，積極採取行動會使你多出一線希望，假使他們錄取的人最後並未到職，那麼你就有機會遞補。

事實上，誰都不知道什麼時候會發生什麼變化，只要你採取積極行動，你便會比別人多一絲希望。

求職就像人生中許多其他事情一樣，你努力越多，結果就會越好。

我不是教你壞

因為人性總是貪婪和恐懼，所以進行決策的時候，當然不可避免地朝高估或低估兩個極端挪移。——葛林斯潘

要做大事，先把小事做好

不要自視甚高，要抱著力爭上游的心情，在最短的時間內把這些瑣事做好，這是取得上司信任的最有效的途徑。

當你進入一個全新的工作環境，必須掌握做人做事的法則，要設法儘快跟同事們熟悉起來，適應陌生的工作環境。

你可以從整理文件、接聽電話做起，為其他同事做些輔助性工作，在他們心中留下勤快、熱心、開朗……等正面的印象，如此既易於融入同事的工作圈中，也可以很快得到大家的幫助。

必須注意的是，在職場中，重要的是要保持不卑不亢的態度，不能遇到大人物是一種樣子，遇到小人物又是一種樣子。

勢利的人常常讓人瞧不起，對上司與普通同事當然應該稍有區別，但不應該一副勢利眼或奴才相。

在你身邊的同事中，總有一些人愛說長道短，議論別人的是非，此時你最好保持沈默，既不參與議論，更不要散佈傳言，也不要急於與某個人或某個圈子打成一片，以免一不留神就捲入是非的漩渦。

不管任何時候，都要管好自己的嘴巴。

把抱怨的時間，把與同事談論流長蜚短的時間用來冷靜思考，思考要如何才能提高自己的工作效率。

只有這樣，你才能快速超越別人。

一般而言，當一個人剛到新環境工作，上司或同事往往並不瞭解他的才能，因此，不管他多麼優秀，有多麼輝煌的過去一開始不會委以重任，而是讓他做些比較瑣碎的雜事、小事。

這時候，你不要自視清高，以為大材小用，而是要抱著力爭上游的心情，在最短的時間內把這些瑣事做好。

這是取得上司信任的最有效的途徑，想要讓往後的職場生涯燦爛輝煌，要先耐得住黯淡無光的日子。

如果你是個有心向上攀爬的人，相信就能及早適應新環境，在未來的職場生活中遊刃有餘、左右逢源。

我不是教你壞

人類真正的差別就在腦力，具備超人的腦力加上無法撼動的決心，造就一個人的成功。
　　　　　　　　　　　　　　　　　　——科比爾

初來乍到要懂得微笑

微笑是人際交往的藝術，也是職場生存的法則。
在陌生的環境理學會微笑，其實也架一座友誼之
橋，掌握了一把開啟同事心扉的鑰匙。

　　許多人初到一個陌生的工作環境，往往都會因為緊張或自我
防衛心理，不自覺地板起面孔，試圖保護自己不受別人的侵犯和
傷害。

　　其實，這種全身神經緊繃的做法，只會讓陌生的環境更加陌
生，自己擔心的種種危險仍然潛伏在自己的周圍，最後反倒把自
己搞得疲累不堪，神經兮兮。

　　如果你換一副微笑的表情，提醒自己不要緊繃著面孔，不要
時時露出警惕與狐疑的眼神，這種和新環境隔閡的情況其實會改
善許多。

　　微笑是人際交往的藝術，也是職場生存的法則。

　　學會在陌生的工作環境裡微笑，是一種放鬆防衛心理和坦然
對待新同事的友善表現，自己的心裡也會變得輕鬆愉快。

　　學會在陌生的環境裡微笑，還是一種自信、開朗、熱忱的表
現。

　　有人說，微笑是人類面孔上最動人的一種表情，是社會生活
中美好而無聲的語言，源自於心地的善良、寬容和無私，表現的

是一種坦蕩和大度。

　　微笑是成功者的自信，是失敗者的堅強；微笑是人際關係的潤滑劑，也是化敵爲友的一劑良方。微笑是對別人的尊重，也是對愛心和誠心的一種禮贊。

　　在陌生的環境理學會微笑，其實也是在陌生的環境架一座友誼之橋，掌握了一把開啓同事心扉的鑰匙。

我不是教你壞

你必須始終是個勇敢前進的人，否則就會落後，在成長的過裎中保持創新精神，同時適度地管理與監督自己的方向。

——弗瑞德・史密斯

掌握別人對你的第一印象

懂得在第一時機將自己的最好一面表現出來，讓
周遭的同事留下良好的第一印象，自然遠比那些
不懂如何表現自己的人更接近成功之路。

一個人成為社會的一分子，進入職場工作之時，接觸頻率最
多的就是周遭的同事。因此，懂得一開始就在別人心目中留下良
好印象，而又善於處理同事關係，能巧妙贏得同事支援的人，工
作和升遷過程自然順利。

二十世紀最偉大的成功學大師卡耐基曾說：「良好的第一印
象就是人際關係的通行證。」其實，不僅僅在人際交往方面，想
要順利遊走職場，良好的第一印象也是一張相當重要的門票。

因為，人性當中有個牢不可破的弱點，那就是和初次見面的
陌生人應對時，往往都會暗自打量對方的言行舉止，並且不知不
覺間就給對方戴上「這個人很難纏」、「這個人很討人厭」或是
「這個人很直爽」……之類的帽子。

其實，第一印象往往是我們拿對方跟自己的特質相互對照，
並且衡量對方的外表、容貌、行為模式、穿著打扮……等基準，
所產生的觀感。

儘管第一印象並不一定正確，但是在人際關係卻很重要的，
因為當我們留給對方的第一印象是很難改變的。彼此互動的時間

可能不到一個小時，想要進行修正卻必須耗費幾個月，甚至是幾年的時間。

美國心理學家羅勃特·費爾曼曾經長期對所謂的「第一印象」進行深入研究，他指出，在第一次會面之後所得到的有關對方的印象，往往會影響你對這個人的觀感，而且這種觀感日積月累之下，就會形成一種牢不可破的評價。

因此，一個人如何為自己留下良好的第一印象是非常重要的。

良好的第一印象會讓你少奮鬥幾年；第一印象不好的話，日後想要挽回，恐怕就得費盡九牛二虎之力。

初到一個新環境，正常人都會因為陌生而感到緊張，不過，只要你掌握住每個人都有「先入為主」這個弱點，一開始就樹立良好的第一印象，那麼你就成功一半了。懂得運用策略為自己塑造形象的人，會在第一時間將自己的最美好一面表現出來，讓新同事們對自己留下深刻而好的第一印象。這種聰明的人，自然比那些不懂如何表現自己的人更接近成功之路。

只要能正確認識自己的優缺點，然後揚長避短，發揮自己獨特的優勢，就可以形成與眾不同的風格，更可以塑造出自己獨特的魅力。這樣一來，你便能很快引起別人的注意、重視，而利用這項優勢在職場生涯中無往不利。

我不是教你壞

小時候我們把夢想築在無限的承諾之上。長大後，許多人還是保有這種習慣，相信可以利用函授來學彈鋼琴，把泥塗在臉上會讓皮膚變好。
——費茲傑羅

摸清辦公室裡的相處之道

> 自命清高的人，往往就是辦公室裡惹人討厭的傢
> 伙，由於不懂得應對進退之道，最後終將在劇烈
> 而又爾虞我詐的競爭中失敗。

　　許多社會新鮮人或剛剛跳槽到新環境的上班族，都會患得患失地想著如何才能成為辦公室裡受歡迎的人呢？

　　方法其實很簡單，只要你能適度地表現出獨有的風度、氣質，常常表現自己的熱情，並且在應對進退之時懂得使用得體的稱呼，這樣大家自然就會接近你，樂於與你在一起。

　　初次見到陌生的新同事，不要因為對方的態度有點冷淡或高傲便望而卻步。這時，你可以展現自信、熱情的態度主動出擊，伸出友誼的雙手。

　　因為，或許對方冰冷的外表正包裹著一顆熱情的心，只要你相信自己的熱情能夠融化任何冰山，就能為自己營造一個友善的工作環境。

　　與新同事互動最有效方法便是主動釋出善意，用熱情感染對方，讓他原先的冷漠感漸漸解凍，陌生的距離便能頃刻而破。

　　這時，如何稱呼對方就顯得相當重要。

　　稱呼，是待人接物時說出的第一個詞語，無疑是一個送給對方的見面禮，也進入社交大門的通行證。

得體的稱呼可以使對方感到親切，便於彼此日後交往；如果稱呼不得體，便會引起對方的不快，甚至是慍怒，使雙方的互動陷入尷尬的局面，導致彼此的交往受阻，甚至從此中斷。

那麼，怎樣稱呼才算得體呢？

這要根據對方的年齡、職務等具體情況和交往的場合，以及雙方的關係來決定，不可拘泥於千篇一律的僵化形式。

我們可以看到，那些自命清高的人，往往就是辦公室裡惹人討厭的傢伙，由於不懂得應對進退之道，他們的職場生涯自然步步難艱，最後終將在劇烈而又爾虞我詐的競爭中失敗。

總而言之，要讓自己的職場生活過得一帆風順，除了必須擁有過人的本領之外，更得細心研究與同事相處的學問。

我不是教你壞

人必須保持樂觀進取的精神，因為，最顯而易見的現象是，我們從來沒有見過悲觀的富翁。——艾倫·布里德

要當勝利者，不要當受害者

不要輕易透露自己的真實想法，
如此一來，你才能打開新局面，
不但成為辦公室中的生存者，
而且成為最後的勝利者。

六種無法獲得上司賞識的人

不良的工作心態，共同的特點是不能掌握自我、
表現自我和捍衛自我，因此無法獲得上司的賞識
與肯定，自然和加薪升遷無緣。

　　升職加薪是每一個在職場打拼的人所期望的，可是，如果你
是以下六種人之一，恐怕這輩子很難有升職加薪的機會。

　　為什麼呢？看了就知道了。

　　• 像伴娘一樣為人作嫁

　　這種人的毛病不在於做不好工作，而在於不敢充分表現自己，
自然也無法發揮自己的潛能。這種人的工作能力或許是一流的，
然而行事態度卻始終像伴娘一樣，有著不要喧賓奪主的想法。

　　這種心態會阻礙升遷晉級的機會，當然只有為人作嫁的分，
無法出人頭地。

　　• 像鴿子一樣溫馴

　　這種人認真工作，也有某方面的技術和才華，但由於工作性
質或人事結構，所學的知識完全與工作劃不上等號。因此，別人
不斷升遷、加薪、晉級，這種人增加的卻只是工作量。

　　對這種難堪的境遇，他或許早就心有不滿，但是卻不敢大膽
陳述，努力捍衛自己的權益，而只是拐彎抹角地講些模稜兩可的
怨言。

由於這種人就像鴿子一樣溫順馴服，不是被上司忽視了，就是淪為上司擺平利益糾葛的犧牲品。

• 像牛一樣任勞任怨

這種人工作的時候像牛一樣任勞任怨、認真負責，可是工作成效卻很少人知道，尤其是他的頂頭上司。

因為，別人總是用他辛苦努力的成績去邀功，他的內心雖然也想得到榮譽、職位和加薪，但沒有學會如何才能引起上司注意到他的成就。

當別人盜取他的成績坐享其成之時，他只會暗自飲泣。

• 言行太過驕傲

這種人充滿自信，而且往往自信過了頭，他們或許在工作上很能幹，表現也很不錯，卻打從心裡看不起其他同事，總是以驕傲的態度與人相處，常常和別人發生無謂的爭論、衝突。

這種人行為放肆，常常干涉、糾正別人，即使對上司也不加收斂。使得大家對他們敬而遠之，根本沒人會理會他們有什麼好的創意和成績。

• 天天發牢騷

這種人總是一邊工作，一邊抱怨工作，讓人耳根不得清靜，而被上司、同事認為是討厭工作、愛發牢騷的人。任誰都會認為，這種喜歡碎碎唸的人很難相處，也會認定他們沒有敬業精神，何不乾脆辭職算了。

結果，升級、加薪的機會被別人獲得了，這種人就只有天天發牢騷了。

• 太過忠厚老實

這種人對任何要求都來者不拒。別人請他們幫忙，他們總是

放下本身的工作熱心地去支援，結果自己的工作忙不完，卻沒人願意伸出援手。

這種人為別人的事犧牲不少，但是，根本就得不到別人與上司的賞識，還被認為是無用的老實人。

這種人往往在同事面前鼓不起勇氣說不，受到委屈之後，就只好回到家中發洩。

以上六種不良的工作心態，共同的特點是不能掌握自我、表現自我和捍衛自我，因此無法獲得上司的賞識與肯定，自然和加薪升遷無緣。

我不是教你壞

所謂的形象當然是虛假的，我必須鄭重地告訴你，這就像是一份報紙裡面，其實只有廣告頁稍微可以相信。

——湯斯瑪·傑佛遜

不妨把上班當成演戲

別讓自己成了辦公室裡的討厭鬼，如果你是一個
不太會控制自己情緒的人，那麼就要試著把上班
當作演戲一般。

有時候要點心機、使點不壞，往往是讓問題迎刃而解的最佳
捷徑。

在這個爾虞我詐的社會裡，如果你不懂得一些厚黑手法，當
你被出賣、被陷害時候，就只能欲哭無淚了。

很多人雖然看起來能力很強，工作很勤奮，但是，令人驚訝
的是，他們在辦公室內並不受到大家的歡迎，原因就在於他們的
EQ（情緒智商）太低，不善於管理、控制自己的情緒。

這樣的人，特徵就是不允許別人對自己提出批評建議，常常
為了一點小事到處抱怨、發牢騷，或是情緒不佳之時就向同事發
飆。

眾所周知，人與人之間的情緒是會互相感染的，有時自己情
緒還不錯，但是遇到這種EQ低的人，愉快的心情一下子就被破壞
了。

誰都討厭老是破壞自己情緒的人，哪怕他是為了重要的公事。

因此，如果你想要比別人擁有更多加薪升遷的機會，千萬要
記得，別讓自己成了辦公室裡的討厭鬼。

如果你是一個不太會控制自己情緒的人，那麼，就有必要試著把上班當作對著一群白癡演戲一般。

一個優秀的演員要能很快入戲，並且能將戲裡戲外分得很清楚，又看不出矯揉造作的成分，才能獲得觀眾的掌聲。

在工作場合也是如此，要將自己想像成演技高超的一流演員，把原來的情緒暫時壓抑下，專心配合上司、同事的工作要求，讓自己表現得最完美。

如此一來，你才能製造一個輕鬆自在的工作環境，既有利於公事的推展，也會讓自己大受同事們歡迎。

我們時常可以見到許多學歷高、能力強、見多識廣的人，由於不懂得控制自己的情緒，以致於在辦公室內人緣不佳。

這樣的人無形之中也喪失了許多升遷機會，只能當個哀怨的上班族，這無疑是相當可惜的事。

如果你不想步上他們的後塵，就要把他們當成讓自己心生警惕的鏡子，從現在起，開始練習當個優秀的演員吧！

我不是教你壞

有的人每天勤奮地工作八小時，最終成為一個大老闆，問題是，為了繼續當大老闆，接下來他必須一天工作十二個小時。

——羅伯特·湯賽德

把上司當成向上攀爬的梯子

誠心誠意地感謝上司的幫助和栽培。不要認為這
是阿諛奉承，這只是讓上司知道你不會為了升遷
而不擇手段地踩著他的肩膀往上爬。

■■■

經常與上司進行建設性的溝通，可以幫你建立一個融洽和諧
的工作環境，更是在職場上左右逢源的必要條件。

溝通常常會出現預想不到的神奇效果。當人與人之間有了誤
解，甚至產生隔閡時，運用溝通藝術進行互動，就顯得非常重要。

在職場上也是如此，必須加強溝通。當上司對你有了誤解或
產生猜忌，面對上司「另眼看待」的冷峻態度，千萬不可意氣用
事，不要硬碰硬地橫眉冷對、反唇相譏，或是表現得不屑一顧。

這時候，應當以樂觀積極的態度，心平氣和地找上司進行良
性溝通。

必須注意的是，想要進行建設性的溝通，一定要找個適當的
溝通場所，並選擇恰當的時機，在整個談話過程中更要營造出輕
鬆自然的氣氛。

首先，在進行溝通的時候一定要讓對方感受到你樂於溝通的
誠意，儘量不要刻意隱瞞某些事情。

例如，如果大老闆私下找你談話，而讓上司疑神疑鬼，倘使

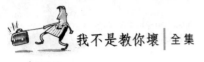
談話內容純粹是一般公事，你大可直接對上司說明，這樣一來，他自然不會把你當成扯人後腿的「抓耙子」而處處防你。

其次，當自己的工作成績得到上司的肯定和表揚之時，必須誠心誠意地感謝上司的幫助和栽培。

不要難爲情地認爲這是阿諛奉承，這只是讓上司知道你不是一個得意忘形或忘恩負義的人，也不會爲了升遷而不擇手段地踩著他的肩膀往上爬。

然後，你要誠懇地檢討自己的缺點和不足之處，希望上司能繼續對你嚴格要求，幫助你突破自己的侷限。

當你使上司感覺他是處於栽培、幫助別人的位置上，他就會敞開心胸，盡其所能地爲你創造有利的機會。

如此一來，即使你的成就超越他，他也很容易就會認爲你的進步是他的功勞，自然能從你的升遷過程中，找到一分屬於自己的成就感和滿足感。

我不是教你壞

蠢人的最大特徵是，他們常常相信，只要讓兩隻恐龍交配，同樣能夠生出一隻小羚羊。而且，這種蠢人在企業界特別多。

——湯姆·彼得斯

設法當喜鵲，不要當烏鴉

上班族想要出人頭地，必須獲得老闆青睞；想得
到老闆的注重，首先就得做個「有聲音的人」，
要設法讓自己當喜鵲，不要當烏鴉。

在這個現實殘酷的世界上，哀怨的「上班奴」到處都是。

許多上班族全心全力地投入工作，幾年之後才猛然發現，儘
管自己做牛做馬累得半死，別人卻視若無睹，尤其是掌管加薪和
升遷大權的老闆，似乎從未當面誇獎過自己，甚至連自己的姓名
都不太記得，因而有滿腹的牢騷和哀怨。

但是，這樣殘酷的結果，並不完全是老闆的過錯。

這些哀怨的「上班奴」是否曾經換個角度想過：以一個粗具
規模的公司而言，上上下下、裡裡外外，有多少人、事、物要老
闆操心過問，如果自己並不起眼，那麼遭到漠視，不正是理所當
然的事嗎？

因此，上班族想要出人頭地，必須獲得老闆青睞；想得到老
闆的注重，首先就得做個「有聲音的人」。

記住，當你完成一件很棘手的任務時，第一得立刻向老闆報
告，讓他知道你有一個好腦袋和快刀斬亂麻的能力，不光只是會
吃飯當米蟲。

不要扭扭捏捏地認為這種行徑是邀功，要告訴自己，這個行

為正面的解釋是：「我是在減輕老闆的壓力，你瞧，老闆聽了我的報告，不但不再為了這件事頭痛，而且笑得很開心。」

千萬要記住，人都是喜歡報喜、不喜歡報憂的，因此，要設法讓自己當喜鵲，不要老是等出了紕漏才畏畏縮縮地前去找老闆想辦法。

做老闆的都喜歡聰明能幹的下屬，如果你讓老闆知道你一直都很精明幹練的話，即使偶爾不小心惹了一點麻煩，老闆也能夠諒解。

哀怨的「上班奴」之所以哀怨而且討人厭，是因為他們通常是自命清高、不愛接近老闆的人，有好消息時認為老闆自然會知道，而不去向老闆報告，每次找老闆時就是報告壞消息。

這樣一來，老闆一定不希望見到這些人，因為他們一出現就代表著不會有什麼好事，而且心中必然認為，這些平日自以為是的人是惹人厭的烏鴉，恨不得想盡藉口把他們趕離自己的視線。

我不是教你壞

自我懷疑，就像是聯合敵人來對付自己一樣，注定會失敗，因為自己就是第一個相信自己會失敗的人。

——大仲馬

「邀功求寵」的五大步驟

「邀功求寵」的時候不要表現太露骨，只要你能
一次又一次贏得老闆的肯定，時機到了，大功自
然告成，升遷晉級絕對會有你的分。

你曾經想過要如何才能讓自己擺脫哀怨的「上班奴」行列，
讓老闆為你的傑出喝彩，並且大力拔擢嗎？

其實，只要你熟悉向老闆喜傳捷報的「邀功求寵」步驟，就
能當一隻快樂的喜鵲，不時讓老闆為你喝彩，從此告別黯淡的職
場生涯。

第一，說話說重點，先說出事情的結果。

不要把時間和精力用來描述你做了什麼偉大的事，而是直接
把結果告訴他，讓他聽了就高興得不得了。

要知道老闆很忙，在你報告成果的時候，或許他沒時間聽你
訴說詳細的枝節，因此要用有限的時間，向報告老闆他最關心的
事。如果時間允許的話，他自然會開口詳加詢問整個過程。

第二，說明過程的時候，要盡可能簡明扼要、條理分明，不
要因為興奮過頭，而拉拉雜雜說一堆廢話。

並且要記住，「邀功求寵」的時候，千萬不要表現太過於露
骨，要先提別人的努力，再提自己的功勞。

第三，如果是以書面方式進行報告，一定要記得署上自己的

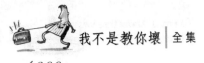
名字，不要樂昏了頭，洋洋灑灑寫了數千言，最後卻忘了加上自己的名字。

也不要感謝了一大堆人，把直屬主管、老闆的名字統統列了上去，卻唯獨漏了自己，那豈不是最愚蠢的失誤，讓自己的心血功虧一簣？

第四，報告完了，就要適時離開。

除非老闆有意和你進一步討論，否則不要賴著不走，一副等著求賞的模樣，只要給老闆留下良好印象即可，否則，老闆肯定會覺得你是個急功近利的傢伙。

只要你能一次又一次贏得老闆的肯定，時機到了，大功自然告成，升遷晉職絕對會有你的分。

第五，除了向老闆報告之外，最好同時把這項好消息告訴你的上司、同事和部屬，讓他們分享你的喜悅。

這樣一來，既可營造人緣，又可製造輿論效果，讓你的好消息持久，不會只出現曇花一現的效果。

我不是教你壞

永遠不要解釋，你的朋友不需要解釋，至於你的敵人，不管你怎麼解釋，他也不會相信你。

——艾伯特·休巴德

如何建立良好的形象

想要在辦公室建立良好的人際關係，最重要的步
驟就是先了解周遭的人，方法很簡單，那就是好
好聆聽別人談話。

當你初來乍到一家新公司，面對完全陌生的新環境，要多觀
察、多思考、多探聽、少說話，這才是適應新環境的明智之舉。

假如你心裡知道，周圍的同事們對新來的你都頗感興趣，但
是卻又只是靜靜地在一旁觀察你的一言一行之時，你要如何才能
讓他們留下良好的第一印象呢？

首先，要多聽。懂得「聽話」會讓你快速了解你的新同事，
並確認他們想要知道什麼，知道他們希望你如何看待他們，希望
你喜歡他們、尊敬他們。

如果你明白他們的這種心理需求，你就可很快創造出你想要
的印象。

你可以透過「聽話」的肢體語言，流露出他們是如何讓你印
象深刻，或者是你有多喜歡或尊敬他們。

所以，你所要進行的第一個步驟，就是迅速找出他們認為自
己最糟糕的地方，並且避免去談論它。

其實，要解決這個問題很簡單，只要多花點時間去聆聽就能
瞭解。

因為，經過「聽話」的步驟，你就能知道：新同事都是什麼類型的人，他們現階段目標為何，他們的優缺點在哪裡。知道他們是什麼樣的人之後，你就可以找到與他們交談的話題，增強彼此的合作關係。

其次，就是迅速找出那些和你志趣相投的同事，這不但是創造出良好印象的最佳方法，而且也可以維持和諧的同事關係。

再者，面對那些孤傲又難以取悅的人，你應該試著了解他抱持的心態，以及對你的意見和評語。

當然，對於他的意見和評語，你不一定要同意，但也不要心浮氣躁去冒犯他，要很有禮貌、很有耐心地聽他的看法，別讓他有不受尊重的感覺，然後和他保持表面的和諧關係。

必須留意的是，這種心性高傲的人無論在什麼情況下，面對什麼人，都會產生猜忌心理，因此必須敬而遠之。

總之，想要在辦公室建立良好的人際關係，最重要的步驟就是先了解周遭的人，方法很簡單，那就是好好地聆聽別人談話。

因為，他們的話說得愈多，你對他們的了解就愈清楚。經過一段時間之後，你就能利用傾聽的力量，設法改變他們的立場。

我不是教你壞

告訴別人你的決定，但不要告訴他理由，你的決定有可能是對的，但是理由通常是錯的。　　——法莫瑞

要當勝利者，不要當受害者

不要輕易透露自己的真實想法，如此一來，你才
能打開新局面，不但成為辦公室中的生存者，而
且成為最後的勝利者。

大致上而言，人都喜歡以主觀的認知來看待別人，因此會把
人分成兩大類：「像我」或「不像我」。

無論你想要用什麼方法讓自己步步高升，首先都要先瞭解周
遭的同事具備哪些特質、能力，這些特質、能力日後可不可以轉
化成自己向上攀爬的助力。

只有當你瞭解到「像我」這樣的判斷標準對對方的意義時，
你才可能快速接近他。要在職場成為一個無往不利的勝利者，就
是要讓你想接近的對象相信，你們之間擁有很多共同點，可以成
為志同道合的朋友。

不過要小心，即便你掌握了對方的特質，交淺言深仍是初到新
工作環境的人應該避免的大忌。千萬不要因為對方對你態度友善，
彼此談話頗為投機，你就以為找到了知己，認定你們是同夥的。

如果你有這種輕率的習慣，小心遭人出賣。

有位朋友高高興興地跳槽到一家新公司任職，由於言行謹慎、
做事認真，每天笑臉迎人，所以同事們對他的態度也頗為友善。
有一次，他和一位談得很投機的同事閒聊時，不經意將自己看不
順眼的人、事、物全盤說出，藉以發洩心中的悶氣，沒想到這番

話幾乎讓他在辦公室裡無法生存下去。

原來，這位外表看似忠厚老實的同事，骨子裡竟然是個唯恐天下不亂的小人，沒幾天便將這些話加油添醋地傳達給其他同事知道，令這位朋友處境極為狼狽。

這時他才悔不當初，非常懊惱自己一時衝動，沒管好自己的嘴巴，忘記了「逢人只說三分話」的道理。

你身處的辦公室越大，人際關係也就越複雜。

越大的公司，利害關係越複雜，派系問題也越嚴重，每個想要踩著對手的屍體往上爬的部門主管，都渴望得到屬下的擁護、支援，因此新進人員往往會莫名其妙被捲入派系鬥爭中。因而，一個新進人員必須多聽多看，多瞭解辦公室內的人際脈絡，盡可能冷眼旁觀，不要淪為派系鬥爭的犧牲品。

所以，當你初到一個新環境工作時，首先必須學會與所有的同事保持適當距離，不要隨便發牢騷，以免招來意外的禍端，讓自己摔得鼻青臉腫，成為職場的受害者。在新同事面前不要有過度親密的言行舉止，也不要輕易透露自己的真實想法，學習做個快樂的聆聽者，等距離對待每一位同事，避免捲入任何小圈子。

如此一來，你才能儘快適應新環境，打開新局面，不但成為辦公室中的生存者，而且成為最後的勝利者。

我不是教你壞

你必須記住一點，在淘金熱蔓延的時期裡，真正發財的不是那些辛辛苦苦淘金的人，而是販賣鋤頭和鏟子的人。

——布蘭德

老狐狸厚黑筆記

厚黑筆記

Thick Black Theory

王照——編著

你不能不知道的
生存厚黑法則

莎士比亞曾寫道：

雖然我不想有意詐騙世人，
可是為了防止自己被人出賣，
我必須學習並且活用這套手段。

這句話提醒我們，想在競爭激烈的現實社會存活，
每個人都必須學會生存厚黑法則，無論是面對你的仇人或是友人，
都不能傻愣愣地將自己的一切暴露無遺，因為，
他們當著你的面前或許會稱讚你老實、坦誠，但是在背後，
誰知道會不會利用你的坦白來陷害你……

Hi! OLD FOX

我不是教你壞全集

作　　　者	王　照
社　　　長	陳維都
藝術總監	黃聖文
編輯總監	王　凌
出 版 者	普天出版家族有限公司
	新北市汐止區康寧街 169 巷 25 號 6 樓
	TEL / (02) 26921935 (代表號)
	FAX / (02) 26959332
	E-mail：popular.press@msa.hinet.net
	http://www.popu.com.tw/
	郵政劃撥 19091443 陳維都帳戶
總 經 銷	旭昇圖書有限公司
	新北市中和區中山路二段 352 號 2F
	TEL / (02) 22451480 (代表號)
	FAX / (02) 22451479
	E-mail：s1686688@ms31.hinet.net
法律顧問	西華律師事務所・黃憲男律師
電腦排版	巨新電腦排版有限公司
印製裝訂	久裕印刷事業有限公司
出 版 日	2020 (民 109) 年 1 月第 1 版第 1 刷

ＩＳＢＮ◉978-986-389-698-2　　　　條碼 9789863896982
Copyright©2020
Printed in Taiwan ,2020 All Rights Reserved

國家圖書館出版品預行編目資料

我不是教你壞全集／

王照編著. ─第 1 版. ─：新北市, 普天出版

民 109.1 面；公分 . - (生活講義；170)

ISBN◉978-986-389-698-2 (平裝)

CIP◉177.2

普天之下，盡是好書

普天出版社
Popular Press